ムライ先生、
本語を教える

あなたの知らない日本語学校

山下知緒
YAMASHITA TOMOO

並木書房

はじめに

この手記は、古流武術家でもある私が、日本語教師として働き始めてからの2年弱に渡る回顧録である。

私が教員になったいきさつ、日本語学校での奮闘、留学生たちのみずみずしい青春群像劇などを楽しんでいただきたい。

なお、個人情報保護への配慮から、勤務地や学校名、登場人物の名前などはすべて変えてあり、実名表記は筆者のみとした。

また、物語を理解しやすいようにと、各エピソードは時系列にこだわらないで再構成してある。

それゆえに、完全な実録とはいいがたいのだが、日本語学校という業界を知るよすがにはなると思う。

先ごろ、外国人留学生の管理をおこなっている法務省外局の「入国管理局」が「出入国在留管理庁」となり、入管法の改正もあった。現在は、日本語教師の国家資格化が検討されている。

わが国始まって以来の外国人流入が進む昨今、その最前線の一つである日本語学校は、今後ますます注目を集めていくことだろう。

拙文が、日本語学校への興味を広げる一助となれば幸いである。

目次

1 転職——未知なる世界へ

日本語学校【にほんごがっこう】 外国人や帰国子女に日本語を教える学校。海外にもあるが、国内の日本語学校に通う留学生は留学ビザが必要。在籍期間は最長2年。学生の多くは日本の大学や専門学校への進学を志望する。

ヒーローになりたかった

もの心ついたころからヒーローにあこがれていた。ありていにいえば、仮面ライダーやゴレンジャーになって、世のため、人のために尽くしたいと思っていた。悪をねじ伏せる強い意志、強じんな肉体は、とにかくカッコイイ。だから、私の幼少期の写真には、やたらと仮面ライダーの変身ポーズをとったものが多い。

多くの女性が「美しくなりたい」と切望するように、ほとんどの男は「ヒーローになりたい」と欲しているんじゃなかろうか？　年を重ねるごとに「テレビの特撮ヒーローが理想だ」とはいいにくくなるが、その思いは、今もほとんど変わっていない気がする。

思春期を過ぎてもなおヒーローにあこがれ続けた私は、超人を描き出すマンガ家になろうか、社会の不正を暴く新聞記者になろうか、英雄を実写化できる映画監督になろうかと、しばしば悩み、長らく決めかねていた。

大学を卒業するころには、ヒーローを演じられる俳優の道を歩みたいと思い始め、まずは劇団の門を叩いた。

だが、芝居の世界は、上下関係に厳しく、細かな気配りが絶えず求められる。テレビや映画にも出演したけれど、与えられた役どころは英雄どころか、セリフのないサラリーマンやチンピラなどばかりで、すぐにゲンナリした。

また、演劇活動と同時進行で、古流武術も学び始めた。チャンバラの参考になるだろうと考え、居合《いあい》、中太刀《ちゅうだち》、小太刀《こだち》、十手《じって》、棒術《ぼうじゅつ》、柔術《じゅうじゅつ》を稽古したのだが、そこで知り得たサムライの身体運動科学、心理学、美学は実に奥深く、私は芝居以上にのめり込んでいった。さんざん読みあさった時代劇画のサムライは、仮面ライダーばりの超人たちだったから、「現代のサムライとして生きるのもいいな」と、これまた浮き足だった思いが頭をもたげてきた。

師匠から表の型を一通り学んだ後、私は棒手裏剣術《ぼうしゅりけんじゅつ》を独自に研究し、その成果をまとめた『手裏剣道』というDVDと、『古式伝験流《けんりゅう》手裏剣術』という手裏剣術入門書を発刊した。その結果、テレビ取材が舞い込んできたりして、「このまま武芸で身を立てられるかも知れない」と調子づいたりもしたけれど、現実はそう甘くなかった。

結局、劇団のシナリオを手がけていた延長から雑誌や広告の編集に手を染め、そのままダラダラとライターの仕事にすがっていった。

いちばん長く勤めた建築専門紙では、建設予定マンションの戸数、そこに設置されるエレベーターの基数、駐車場台数などを電話取材するという、おそろしく地味な仕事に忙殺された。つまり、少年時代に思い描いていた「社会の不正を暴く正義の徒」というイメージとは隔絶したジャーナリストを、10年近く続けたのである。

こうして50歳の大台が見え始めたころ、私は発作的に転職の決意を固めた。あり余る体力とやり場のない情熱をため込んだままで自分が枯れていくのが恐ろしくなり、それまでに触れたことのない業界へ飛び込みたくなったのだ。

とはいっても、40代半ばを過ぎた武術オタクが、新しい就職先を見つけるのは困難だった。「モデルガン製造職人」や「地方の農家」といった仕事を見つけては応募してみたが、それらはことごとくハネられてしまった。チャレンジするには年を食いすぎているというのだ。

そうやって転職活動に行き詰った時、ハローワークの検索端末で「日本語学校教員」の募集をふと目にしたのである。

大学時代に教員資格を取得

高校時代、私は大学進学にあたって、「学校は早々に中退し、スケールの大きな仕事を始めよう。それがダメなら海外に渡ろう」と場当たり的な計画をぼんやり思い描いていた。だから、「大学の授業なんて適当でいいや」と、当初は軽い気持ちでいた。

ところが入学直後、父親から「国語教員と日本語学校教員の課程を履修しておけ」と、クギを刺されてしまった。当時の父は手が早く、逆らうと危険な中年男だったので、いわれたとおりに履修登録を済ませた。

本格的な教員コースの講義は3年生からで、これが意外と面白かった。ゴキブリの語源は、御器（食器）にかぶりつく虫「ゴキカブリ」から来ているという「近世語」だとか、奈良時代以前の日本語は今よりたくさんの発音があったという「上代特殊仮名遣い」など、好奇心をくすぐられる内容が目白押しだったのである。

そのようなこともあって、中退することなく卒業を迎えた私は、同時に中・高校の国語教員と日本語学校教員の資格を取得した。ただし、教師なんてヤボったい仕事をする気はサラサラなかったから、前述のとおり、劇団の研究生になったのである。両親はその選択に対して、ことさら反対はしなかった。

それから4半世紀。演劇界とマスコミ界を渡り歩いた末、いよいよ将来に迷った私は、歯牙《しが》にもかけなかった教職にエントリーするハメにおちいったのだった。

「日本語学校は、とりあえず国際的な職場だもんな。一度くらい経験しても損はないだろう」と自分を納得させ、「資格さえあれば経験は不問」という条件を見つくろうと、何通かの履歴書を郵送した。

するとそれまでとは一転し、色よい返事が次つぎと舞い込んできたのである。

想像したこともない世界へ

最初に面接を受けた学校では、「模擬授業」を課せられた。模擬授業とは、実力審査するための仮の講義である。

そこでの課題は、「て形《けい》」と呼ばれる動詞活用の説明だった。「書きます」を「書いて」に、「食べます」を「食べて」に変化させる方法や、「書きます」と「書いています」の相違などを20分ほど講義させられた。

その学校の校舎は上野駅の近くにあるビルで、若者の出入りが目立つものの、学校とわかるような雰囲気はいっさい感じられない外観だった。

事前連絡で指示されていた2階へいくと受付があり、その一角で蝶ネクタイをした劇場支配人風の紳士が、青い髪をしたヒョロヒョロの青年を怒鳴り散らしていた。

「何度いったらわかるんだ！　今度休んだら退学ですからね……オイッ、聞いてるのかっ！」

いきなりのことだったので、私はどやされている青年以上に顔が引きつってしまった。黙ってその様子を眺めていると、テキパキとした態度の小太りな女性があらわれて、何ごともなかったかのように採用面談をおこなう教室へと案内してくれた。彼女は教務主任であり、先ほどの蝶ネクタイ氏は校長先生とのことだった。

結論からいうと、ここは不採用だったが、その蝶ネクタイの校長から「あなたは声量も充分だし、テンポも悪くない。見どころありますよ」と、好意的な評価をもらった。そして何より、私自身が「これはイケるんじゃないか？」との手ごたえを感じとっていた。

その後、続けざまに3校の面接を受け、そのうち1校からは、面談した当日に即決の電話がかかってきた。

これこそが、波乱に満ちたキャリアチェンジの幕開けであった。想像したこともない世界へと、私は迷い込んでいったのである。

2 赴任——そして誰もいなくなった

日本語教師【にほんごきょうし】　外国人などに日本語を教える教員。日本語で授業する直接法が一般的なので、外国語に堪能でなくともよい。資格を得るには、大学や養成教育機関での履修、資格検定試験の合格などが必要。

熱意ある方は大歓迎

私の採用を即決したのは、浅草橋駅近くにある日本語学校だった。隅田川沿いに建つ大きなビルの2階にあり、建物のほとんどは建設会社のオフィスで、2階の一角だけが日本語学校として使われていた。何というか、人目を忍ぶヤクザの事務所みたいな感じだった。外に看板が出てなかったため、何度も前を通り過ぎてしまい、見つけ出すのに苦労した。

これは後々知ったことだが、この学校の経営者は不動産業を営む中国人で、彼は自らが管理する賃貸オフィスやホテルの一角に日本語学校を開校するという手法を得意にしていた。そこも、そうやって設置したグループ校の1つだったのだ。

さて、面談に応じたのは、行政書士の資格を持つ本部の人事担当者と、胸の谷間が半分くらい見えるセクシーなブラウスをまとった女性事務員だった。対応はとても丁寧で好意的だったが、本当におざなりな質問だけ受けて、模擬授業もおこなわれなかった。

面接はあっという間に終了し、気抜けしていると、「ご自宅はここよりも埼玉のほうが近いんですよね？」と、突然、その人事担当者がたずねてきた。

「はい、住まいは東京のはずれで、埼玉寄りです。JRを使えば川口はもちろん、大宮だってすぐのところです」

「そうみたいですね。実は、戸田市にあるグループ校でも教員を募集しているんです。そちらでの勤務は可能ですか？」

「はぁ……問題ないと思います」

このひと言で、私の採用は決定していた。というのも、彼らが求めていたのは、ハナから埼玉県戸田市にあるグループ校の教員だったからである。それも、待ったなしの緊急募集だった。

が、この時の私は、そんな事情を知るよしもなかった。

「山下先生のような熱意ある方は大歓迎です。経歴もユニークで素晴らしいと思います。前向きに検討させてください」

そしてその夕方、西丘日本語学園での採用通知が電話で伝えられたのだった。

今後は好きにやってください

3月下旬におもむいた西丘日本語学園の校舎は、以前あった学習塾の看板を残したままの古ぼけた4階建てビルだった。1階は運送会社の作業所、2階は日本語学校で、3階と4階は日本語学校の学生寮にあてられていた。

春休み期間中だったため、留学生たちは上階の学生寮から降りて来ず、教室や職員ブースのある2階は、学校と思えないほどに静まり返っていた。

日本語学校の専任教員たちは春休みや夏休みも出勤し、カリキュラム作成やテスト準備などに励んでいるものだが、この時の職員らは、どうも様子がおかしかった。妙に慌ただしく、また一様に態度がトゲトゲしていたのだ。着任のあいさつをしても失礼なくらい無愛想で、各人が自分の机にある書籍や筆記用具を次から次へと箱詰めしていた。

「もう少ししたらひと段落つくんで、こちらでお待ちください」

不健康そうにやせた女性職員が、迷惑げな顔をして「保健室」と書かれた小部屋に私を通した。

30分以上も待たされて、ようやく教務主任だという金縁メガネの男がシブシブといった表情を浮かべてやってきた。そして彼は開口一番、彼自身もふくめた教員が総辞職すると告げたのだった。

「えっ？　えっ！　どういうことですか？　私は何も聞いていませんよ」

「さぁ。私に聞かれても困りますね」

「だって……私は教員未経験者なんですよ。誰もいなくなったら、どなたの指示に従えばいいんです？」

「存じませんよ。あなたがいらっしゃるという話を聞いたのも、昨日なんです。本当にいい加減な会社なんですよ……ここはね。とにかく、私らの退職日は明日ですから、業務の引き継ぎはこの2日間にできる範囲でとなります。あぁ、文句なら本部にいってくださいよ」

私よりもはるかに年若い教務主任は、会社への憎悪をむき出しにして、なげやりな口調でしゃべった。

ところで、日本語学校の教務には、フルタイムで勤務する専任教員と、パートタイムで働く非常勤講師がおり、専任は正社員、非常勤はアルバイトといったポジションで仕事をしている。この専任教員が、私の着任と同時に一斉退職するというのである。一部の非常勤講師は残るらしいが、どう考えても異常な話だった。

もっと詳しく事情を話すようにと何度も頼んだが、彼はやたらと結婚指輪をいじり回すばかりで「私からはお話ししたくありませんね」の一点張りだった。引き継ぎは、授業記録簿や成績管理データの説明を聞かされたのみで、業務の全体像はサッパリ把握できなかった。私が困惑していても、教務主任らは昼の12時になると、キッチリ1時間の休憩に出かけてしまった。

使用している教科書についても、「まっ、今後は好きにやってください」とけんもほろろに紹介されただけだったので、さすがにこっちもカチンときた。

「好きにやってくださいっていわれてもね、何が好きかもわからない新人ですよ。こんな引き継ぎじゃあ、ここの学生たちだって困るでしょう?」

「お気持ちは察しますがね、私らも時間がないんです」

教務主任はそういってメガネを外し、レンズをハンカチでキュッキュッと拭った。素顔はムーミンのようにムクみ、目の下には深いクマができていた。

「はぁ、こいつはダメだな」

私はあらゆる質問をあきらめた。

そんなこんなで、若い女性事務員1人だけを残し、彼らは本当にキレイに姿を消してしまったのである。

3 始動——しばらくはオレの天下か？

教務主任【きょうむしゅにん】　クラス管理はもちろんのこと、年間スケジュールやコースデザイン、会議の主催などをおこなう教務の指揮者。校長が兼任することも可。専任経験3年以上の日本語教育者が就任できる。

主任は月末までに送り込みます

日本語学校は、出入国在留管理庁の定める「日本語教育機関の告示基準」に従って運営しなければならない。告示基準には、教室の広さやクラスの定員、授業時間数といった細かい規定が記されている。

詳しい説明ははしょるけれども、「専任教員が1人」という状況は、明らかにこの告示基準に違反していた。当然、本部に問い合わせてみたが、「申し訳ないんですけどね、しょうがないんですよ！　私たちだって困ってるんですから」と、採用面接で顔を合わせた人事担当者に逆ギレされてしまった。

しかし、教務主任すら不在という現状はさすがにマズいと考えているらしく、「主任は月末までに送り込みますよ」と、なだめられた。実際には、それから半年近く教員は補充されなかったが、この時は「よし、しばらくはオレの天下ってところだな」と、気楽に考えることにした。

また、たった1人残された事務員の田中さんが、手とり足とり助言をくれたおかげで、仕事は少しずつ前進していった。その田中さんは、まことに愛くるしい20代の女性で、細身ながらも非常にタフだった。思ったことをズバッと口にする男勝りでもあったが、誠実な人で、私にとっては唯一の救いだった。

やり手らしい新顔の事務長

赴任から5日目の朝、業務スケジュールについて田中さんに指示を求めた。

「出席簿の準備とかは私がやるから、山下先生は授業計画を立てたらどうでしょう？　手があいたら、校内の案内をしますんで……」

田中さんはそういったところで、「あっ！」と手をたたいた。

「そういえば今日、新しい事務長が来るんだっけ？　だとしたら、校内を回るのは、その事務長と一緒のほうがいいな。うん……そうしよう」

「事務長？」

私が首をかしげると、彼女は後任の事務長について手短に話してくれた。

事務長とは、事務方を統括する責任者なのだが、新顔の事務長は金さんという中国人で、いくつかの日本語学校を切り盛りしてきたかなりのやり手らしい。この業界では顔も広く、西丘日本語学園改革のキーマンとして、社長も期待しているという話だった。

「へぇ。本部は、事務サイドから足場を固めようという計画なんだな」

田中さんの話を聞いて、私は少し勇気づけられた。

その日の午後、慣れない作業に苦心しながら授業スケジュールを作成していると、ハイテンションにまくしたてる赤ら顔の男性が現れた。

「おう、おう、素晴らしい学校でしゅねぇ！　じぇいたくですよ、じぇいたく！　あっ、金と申します。こんにちはぁ！」

彼は、古いマンガに登場する「声のかん高い、猪突猛進型の中国人」のイメージそのままのキャラクターで、朝鮮族の出身なのだとアピールした。

「私ね、満州の貧しい家で育ちましたから、留学生時代は苦労しました。でもね、今の学生は甘やかされてるでしょ？　ダメでしゅよ！　そうでしょう？」

相好をくずしてまくしたてる金さんは、私と田中さんが自己紹介しても、まったく耳に入っていない様子だった。

中国語はいうにおよばず、韓国語も自在だという金さんは、ちょっとしたメモにはハングルを使用するようだった。それに気づき、「中国語じゃなくて、ハングルを使うんですね?」と聞くと、「それ、常識でしょ?」と、なぜか哀れむような目で私を見返した。

死んだらゴミが増えます

さて、田中さんの先導で教室や学生寮を視察したところ、思った以上にボロい校舎だということが判明した。教室は合計5室。3人がけの長机とイスがならんでおり、各部屋の広さは結構あったが、エアコンや換気設備が故障していたり、電源コードをつなぐコンセントも半分くらいが欠損していた。

上階の学生寮は作りかけの建築現場みたいな安普請《やすぶしん》で、床はおぞましいほどに汚れていた。各室2人から4人のドミトリーなのだが、部屋にはベッドが置かれているのみで、勉強机を置くようなスペースは皆無だった。むろん、共用の自習室もなく、本当に寝るためだけの施設と思えた。

また、シャワー室には放置された公衆便所のごとき異臭が漂っており、トイレ内はタバコの吸殻が散乱し、洋式便器の便座は半分くらいがなくなっていた。

「じぇいたくですねぇ、じぇいたく！　学生にはもったいない環境ですよ」

上機嫌でホメたたえる金さんをしり目に、私はヌルヌルとした床の上を注意深く歩いていた。あまりの不潔さに気分が悪くなったが、田中さんはそれに慣れっこの様子だった。

「ゴミ捨てや掃除は、有志の学生にアルバイトでお願いしてるんです。でも、いい加減でダメなんですよね。『清掃業者に頼もうか？』って話も出ているんですけど」

田中さんは、そういって顔をしかめた。

入学した学生は最低6か月間、学校の寮に入ることが義務づけられているらしい。現在は全学生が入寮しているが、そろそろ自分でアパートを借りて引っ越す学生が出てくるはずだ……と、田中さんは説明した。

生ゴミの散乱する共同キッチンから小さなゴキブリがはい出し、何匹も足下でうごめいていた。私は田中さんから見えぬように、虫を踏みつぶして歩いた。すると不意に「私たちの友だちを殺さないでください。死んだらゴミが増えます」と、妙にくぐもった高い声がしたのだった。

通路の先には、腰にバスタオルを巻いただけの青年がいたずらっぽい笑みを浮かべて立っていた。背はさほど高くなく、体格はがっしりしていた。トム・クルーズに似た西洋系の顔立ちで、シャワーを浴びたばかりの黒い髪がビショビショに濡れていた。

「はじめまして。ルスタムといいます。ウズベキスタン人です」

彼はからかうような口ぶりで、バカ丁寧に頭を下げた。私はこの時、ウズベキスタンという中央アジアの国をほとんど知らなかった。

「たしか、ルーマニアのとなりにある国だよな?」

いい加減な世界地図が、私の頭の中に広がっていた。

ゴミをもらう、それは横領罪です

「ちょっとアナタ。その掃除機、どうしたのっ!」

田中さんの目線は、壁に立てかけてある古い掃除機に向けられていた。ルスタムと名乗ったウズベキスタン人学生が、それに手を伸ばしたところだった。彼はムッとした目つきで、「アルバイトにいく時、ゴミ捨て場で拾った。私の部屋の掃除で使う」と、ぶっきらぼうに返事した。

それを聞くなり金さんが割り込み、「それ、ドロボーだよ! 警察につかまりましゅよ」と一喝した。

ルスタムは野ザルのようなけわしい表情で金さんをにらみ返した。

「ゴミをもらう、それは横領罪です。泥棒と同じになる。でも、ゴミを捨てた人が、あなたにあげます、といえば、大丈夫だ。あなたはそれを聞きましたか？」

私が日本語教師として外国人に話しかけたのは、この時が初めてだった。ルスタムは無遠慮に私を見つめたが、プイッと目をそらすと自室に入ってしまった。

バタンと閉まったドアを指さした田中さんは、「はぁ」とため息をついた。

「授業料や寮費の取りたてが急に厳しくなったんで、学生たちはみんなカリカリしてるんです。前の先生たちが突然いなくなって、ちょっとかわいそうなんですけどね。でも、あのルスタムはかなりの問題児ですよ。山下先生、注意してください」

田中さんはそういうと、再び歩き出した。

最後に屋上のコインランドリーを覗き、吹きさらしの床にバーベルや鉄アレイが転がっているのを眺めた。それらは運動不足を感じたウズベキスタン人学生らが、やはりどこからか拾ってきて、勝手に置いたものなのだそうだ。

こうして、校内一周は5分もかからずに終了した。職員ブースに戻ってくると、金さんがいきなり「ヨシッ。掃除をしましょ！　先生がたの机とか、本棚とかを、じぇーんぶ動かします。ここを新しくしますよぉ」と宣言した。

大掃除によって、停滞した現場の空気を改めようというのだろうか？

なるほど、3人しかいない職員が手始めにする共同作業としては、確かにうってつけのような気がした。田中さんの提案で、まずは各教室の床からキレイにすることとした。となると、ずっと使われていなかったカーペット敷きの第5教室が問題だった。学校備品に掃除機がなかったからである。

するると、金さんが上を指さしながら私にいった。

「山下先生。さっきの学生から掃除機を借りてきてくだしゃい」

金さんにいわれずとも、ルスタムが拾ってきた掃除機のことは頭に浮かんでいた。が、横領罪をとがめた手前、「それを貸してくれ」と願い出るのはきまりが悪かった。どこからとり出したのか、真新しいタオルを頭に巻いた金さんは、すでに机を動かし始めていた。その勢いに負け、私はしぶしぶ寮へとひき返し、ベッドに寝転んでいたルスタムに話しかけた。

「あの掃除機、どうしました?」

「わかっている。あとで捨てます。問題ない」

彼はいじっていたケータイから目をそらさずに返事した。

「いや、次から気をつける。それでオッケーだよ」

「えっ? 次から? なぜ?」

彼は顔をあげて、いぶかしげに私を見た。

「ホラ、大事に使えば掃除機も喜ぶだろう? 今回は返さないでいい。みんなで大事に使おう」

しどろもどろにいう私から、ルスタムは目を離さなかった。
「でさ、その掃除機を今、ちょっと貸してくれないかな?」
それを聞いたルスタムは、ベッドの上にケータイを投げ置き、黙ったまま非常階段わきへと私を連れていった。そこには、車輪の欠けた先ほどの小汚い掃除機が置いてあった。

週末。手裏剣を稽古した。手裏剣の的は、立てかけた古畳である。基本打剣となる「上段打ち」は、剣術の上段構えと同じ姿勢、同じ要領でおこなう。

刀を正面へ斬り込む際、決してふり落としてはいけない。腰を沈めることで刀を浮かし、そのまま前方へと打ち伸ばすのだ。この操作は、手裏剣術もまったく同じである。

沈身《ちんしん》による打剣は、手裏剣の回転を抑え、その結果、矢のように飛ばすことができる。これを「直打《じきだ》」という。剣を放とうとすると、反射的に手をふり出したくなるが、それをジッとこらえねばならない。手裏剣を「投げる」といわず「打つ」というのは、そのためである。しかし、投げようとする我意は、なかなか捨て去れないものだ。

手裏剣・基本打
(きほんうち)

4 支度——私は教務主任じゃありません

留学生【りゅうがくせい】　外国に一定期間留まって勉強する学生。国や企業が費用負担する制度もあるが、自己負担による私費留学生が多い。授業出席率の下限、アルバイトできる業種や時間数など、さまざまな規定がある。

釈明に四苦八苦

事務長の金さんは、無類の掃除好きだった。事務のデスクワークは田中さんに任せっきりにして、自分はもっぱら学生寮のモップがけやゴミ捨てに精を出していた。目につくものは片っ端から捨てたくなる性分だそうで、自宅ではよく奥さんに叱られているとの話だった。

入社1年未満ながらいちばんの古株となった田中さんは、本部に呼び出されることが多く、相当に忙しそうだった。それでも、パソコンの使い方をはじめ、私の質問には丁寧に答えてくれた。

私の業務も軌道に乗り始め、最初に授業カリキュラムと授業担当教員のシフト表を仕上げた。それをメールやファックスで非常勤講師に送信したのだけれど、驚いたことに、講師の中には専任教員の一斉退職をまったく知らない人たちが結構いた。「いったいどうなっているんですか！」と、まるで私の責任みたいに問いつめてくるので、その釈明にも四苦八苦した。「ちょっと大丈夫なんですか？　勉強会のフォローなんかは、どなたがなさるんです？　話が見えないいんですけど！」

「勉強会って何だ?」と、こちらもまったく話が見えなかったが、とにかく低姿勢で対応した。非常勤講師には、こづかい稼ぎで働いている中高年の主婦が多いようで、気に入らないことがあると簡単に辞めてしまう……と、田中さんに聞いていたためだ。私は新任のあいさつもそこそこに、そんなマダムたちを必死でひき止めた。さらなる人手不足で、これ以上の混乱を招きたくなかったからである。

私と同時期に採用された非常勤講師の神田先生は、西丘日本語学園での勤務に二の足を踏んでいた。彼女は、学習塾に長く勤めていた小柄な女性で、日本語教員として教壇に立つのは初めてらしい。おっとりとしゃべる人で、いかにも世話好きのお人好しという印象を受けたけれど、新しい職場と私への不信感は、まったく隠そうとしなかった。

「日本語教師になるのが夢で、とても楽しみにしていたんですよ。でもね、『専任教員が1人だけの学校なんてヘンじゃない?』って、日本語教師をしている知り合いにいわれたんです。

教員経験のない人が教務主任っていうのも、絶対にアヤしいって。夫も『大丈夫か？　無理して働くことはないいんだぞ』って、心配しているんです。あぁ、私……どうしましょう？」

知り合いやご主人の懸念は誠にもっともだったが、それを認めて彼女に逃げられてはかなわない。私は必死さを気取られまいと、言葉たくみに神田先生を説きふせた。

「いや、勘違いされています。私は教務主任じゃありません。それは間違いない。近く、ベテランの教員が配属されるそうですから、ご安心ください。えっ？　それがいつになるのかは……まだ調整中です。でも、このままずっとってことはあり得ませんよ。フレッシュマン同士、力を合わせてがんばりましょう！　当面はお目付けもなく、自由にやれるチャンスです。ねっ？」

説得の甲斐あって、神田先生は週2回の出勤に同意してくれた。

ここへ戻ることになったんだ

いうまでもなく、「先生」という言葉は目上に使う敬称だ。しかし、教員同士では、熟練の教員のみならず、新米教員に向かっても「先生」づけで名前を呼び合う。事務員の場合は局長でも「〇〇さん」と声をかけるので、この先生という呼称は、教員を意味する役職名と考えるべきだろう。

が、私はこの慣習がシックリとこなかった。一般企業と同じく、普通にさんづけで呼び合えばいい気がしたからだ。

しかし、新学期直前にフラリとあらわれた中原先生という70代の古参講師は、まさしく「先生」と呼びたくなるような風格を漂わせていた。

ジーパンにこげ茶色のジャケットというラフな身なりで、実年齢よりも10歳くらい若く見えた。少し前まで西丘日本語学園に勤務していたのだが、その後、三鷹市にあるグループ校に移ったとの話だった。

「山下さん、よろしくね。この春、またここへ戻ることになったんだ。どうぞ、お手柔らかに」

中原先生は人懐っこい笑みを浮かべて、私の肩をポフッと叩いた。「先生」ではなく「さん」づけで話す気さくな人柄にも、私は好感をいだいた。

「社長とオレは長いつき合いでね。書類なんかの都合で、オレの名前を貸したりしてるんだ。オレはね、非常勤だけどさ、名義上は浅草橋校の教務主任と校長なのよ。なっ、おもしろい業界だろ?」と、何だかヤバそうな裏事情も、ひょうひょうと語ってくれた。

「あの、新学期のカリキュラムを直したところなんです。使う教材とか、授業進度とかは、こんな感じでいいですかねぇ?」

私がアドバイスを求めると、「うん。上等。最高だよ」といって、ほとんどスケジュールを見ずにうなずいた。

「この学校は非漢字圏の学生が多いだろ？　そうだったよね、田中さん？」

自席にいた田中さんは、「えぇ、今はウズベキスタン、ベトナム、スリランカの学生がいて、中国や韓国の生徒はいません」と、間を置かずに答えた。

「そうね……だからさ、まずは文法よりも語彙に力を入れるべきだと思うんだな。単語がわかりゃあ、おおよその内容は想像つくからね。だろ？　それと授業はさ、学生に〈書かせる〉ことが大事だよ。講義を聞くばかりじゃあ、眠くなっちゃうもんね。手を動かさせるんだ。なっ？」

彼のさばけた授業論に、私は素直に感心していた。

「いや、本当に勉強になります」

「何をおっしゃいますやら。じゃあ、来週から新学期だね。改めてよろしく」

そういって、中原先生は席を立った。

マイカーで去っていく中原先生を見送り、職員ブースに戻ると、データ入力をしていた田中さんがふり返って、「どうです、中原先生は？」といった。

「気さくな方ですね。一緒に仕事がしやすそうです」

そのひと言を聞いて、田中さんはニッコリと笑った。

「そうですか、よかったです。実をいうと、中原先生が以前ここで働いていた時、ほかの先生がたから無視されていたんですよ」

「えっ？　無視？」

「先生たちのイジメっていうのかな？　まぁ、中原先生にも問題はあったんですけどね」

「へぇ。何です、問題って？」

「いえ、詳しいことは知らないんですけど、授業カリキュラムを守らなかったり、学生に漢字を書かせてばかりで自分は居眠りしていたりって、まぁ、そんなことです。誰が注意しても反省しなかったんで、結局、三鷹校に飛ばされちゃったんです。でも、前にいた先生がたも、大人げないっていうか、意地悪でした。中原先生の居眠りを撮影して、みんなで回し見したり、中原先生の机だけポツンと離れ小島みたいに隔離したり、ちょっとやり過ぎな気がしました。ルーズが許せない人は、中原先生と反りが合わないみたいです。山下先生は大丈夫みたいですね」

しかし……残念ながら……全然大丈夫じゃなかったのだ。中原先生の勤務態度は、本当にひどいものであった。

半年後、私は彼を罵倒することとなる。

5 始業――あなたはいい先生だ

法務省告示校【ほうむしょうこくじこう】 留学生受け入れを認められた日本語学校のこと。告示校には、学生管理に問題なしと見なされた適正校と、それに外れた非適正校があり、3年間連続非適正校は告示校から抹消される。

名前と顔を一致させるのにひと苦労

事務長の金さんは朝鮮系中国人ということもあり、家ではやたらとニンニク料理を食べているようだった。そのため、私たちはほぼ毎朝、彼の強烈な口臭に耐えねばならなかった。私が初授業を迎えた朝も、目の奥までしびれるようなニンニク臭が、新学期の空気を濁らせていた。

ちなみに、日本語学校にはさまざまな「臭い」が充満している。学校の上階には学生寮があったから、学生らが自炊するウズベキスタン、ベトナム、スリランカといった郷土料理の匂いが、朝、昼、晩と無国籍に漂っていたのだ。

また、体臭が強い人種はオーデコロンを常用するので、そのドギツイ刺激にも最初はかなり戸惑った。とはいえ、金さんが放つ加齢臭混じりのニンニク臭がダントツに凶悪だった。

「これほどの異臭に、本人は気づいてないのだろうか？」

私は心底、不可解に思っていた。

臭いのカオスと同じくらいに面食らったのが、出席簿にならんだ外国人の名前であった。カタカナばかりの羅列を初めて見た時は、本当に目がかすんだ。

とりわけスリランカ人は、ファーストネームとファミリーネームに加え、宗教や出身に関するミドルネームがゴチャゴチャとつくので、フルネームとなると30字前後となる学生も少なくなかった。それゆえ、学生1人ひとりの顔と名前を一致させて覚えるのが、生半可ではない試練になった。

クラスの大半を占めたウズベキスタン人学生は、全員男子でイスラム教徒だった。が、その3分の1くらいは飲酒もすれば、豚肉も食べていた。ウズベキスタンは中央アジアに位置するけれど、彼らの容姿や気質は、東洋よりも西洋に近い。体格がよく、考え方もイエス・ノーのはっきりした理屈屋が目立った。

クラスの4分の1ほどいたベトナム人学生らは、比較的大人しく、イージー・ゴーイングな面々で、彼らはたいてい居眠りばかりしていた。

残りのスリランカ人学生たちは、ベトナム人以上にのんびりした性格で、とりわけ陽気だった。ただし、ウソやデタラメを調子よく口にするという困った一面もあった。

演劇仕込みの声量で号令

そんな人種のるつぼでおこなった初講義は、予想以上に緊張した。本来、1学級の学生数は20人までなのだが、そのクラスには25人もの学生が詰め込まれており、たじろぐほどの熱気が

どうして休みが多いのだ？
スミマセン
お酒の飲みすぎです…
!? オヌシは酒が飲めない宗教では!?
ダイジョウブです
ここはニホンだから!!
よいのか…!?
先生が教えてくれました!!
郷に入っては
郷にシタガエ!!

こもっていたのだ。

「起立！　気をつけ！　礼！　着席！」

演劇でつちかった声量をふり絞って始礼の号令をかけると、机の上で突っ伏していたベトナム人学生らはかなりビックリしたようだった。そのうち1人は慌てて立ちあがり、イスを思いっきり後ろへ倒してしまった。

「教科書は？　鉛筆は？　どうした！　教科書と鉛筆は、学生の魂だぞ。サムライの刀と同じだ。服を着るのを忘れても、教科書と鉛筆は持ってこなきゃダメだ！」

そんな具合に、まずは手ぶらで来ている学生らを厳しく注意した。

「サムライ先生。声が大きくて、よく眠れないです」

筋違いな文句をつけてきたウズベキスタン人学生のルスタムを無視して、私はケータイゲームで遊んでいる連中も片っ端からどやした。

「あなたたちは留学生なんだから、まずは勉強しなさい！　若ければ、何でも覚えられる。おジイさんやおバアさんになったら、覚えるのは大変だぞ。ゲームは、いつでもできる。おジイさんやおバアさんになってからしなさい！」

どこまで言葉が通じているのか見当つかなかったが、私は叱咤を続けた。

「そこ、授業中は帽子をかぶっちゃダメだ！　取りなさい」

「私は今日、髪の毛の形がヘンです。許してください」

真っ赤なアディダスの帽子をかぶったスリランカ人学生が、たどたどしい日本語でいいワケをした。

「ダメだ！　髪なんざ、ハゲてから気にしなさい。今すぐ取るんだ！」と、私は自分の坊主頭を指さしながら強くにらみつけた。私自身は、頭頂部の薄毛が気になり出した30代半ばから、ずっと丸坊主に刈りあげていたのだ。

すると、それを聞いていたルスタムが、こらえかねたように爆笑した。それにつられて、ほかのウズベキスタン人学生らも大笑いをした。職員の一斉交代という異常事態にナーバスになっていた学生たちは、私のがむしゃらなイニシアチブを好意的に迎え入れてくれたようだった。

その日、授業4コマを無事に終えると、ルスタムがつっと前へ進み出てうやうやしく一礼した。

「みんな、この学校がどうなるか、とても心配していた。でも、山下先生が来たので本当に安心しました。あなたはいい先生だ。ありがとう」

芝居がかったお辞儀する彼に、「調子のいいヤツだな」と苦笑すると、ほかのウズベキスタン人学生らが盛大な拍手をし、それをあおるようにスリランカ人勢も口笛を吹いた。ベトナム人学生たちはほおづえをつきながらニタニタ笑っていたが、いつの間にかルスタムと私のやりとりをケータイで撮影しており、その動画を私に見せつけて親指をピッと立てた。

6 喧嘩——山下先生は日本語が上手

日本語能力試験【にほんごのうりょくしけん】　外国人の日本語力を検定する試験の一つ。最下級N5から最上級N1まである。科目は文字・語彙、文法・読解、聴解など。日本語学校卒業までにN2以上を取得しているのが理想。

「日本」も「目木」もだいたい同じです

ウズベキスタン人学生は、会話練習には積極的で、特に雑談を喜んだ。フリートークになると、あれやこれやと質問を浴びせてきて、ケータイで言葉を調べながら懸命に自説を述べたりもした。

そういった点はとても模範的だったが、一方では読み書きが絶望的だった。ひらがなとカタカナを満足に読める学生は2人くらいしかいなかった。

そこで私は五十音図を貼り出し、かな文字の復習をくり返したけれども、その効果は一向にあらわれなかった。

単語もなかなか覚えられない様子だったが、語彙説明はみな結構真面目に聞いていた。クラスでいちばん子どもっぽいブーミンというウズベキスタン人学生に「交差点って何だ？」とたずねた時、彼は「コーヒーを飲むところです」と即答した。

「そりゃあ、喫茶店だよ。さっき、教えただろう？　交差点とは、道と道が重なるところだ。車がたくさん走っている交差点でコーヒーなんか飲んだら、死んじゃうぜ」

ホワイトボードに「交差点」「喫茶店」の字を書き並べてみせると、ほかの学生たちが大笑いした。とはいえ、彼らもどこまでわかっているのか、かなりアヤしかった。

漢字の小テストもお先真っ暗で、「日本」と書くべきところを「目木」と書いたりして、完璧な正解が一つも見当たらなかった。

「漢字には似ている文字がたくさんあるけど、棒が一本多かったり、少なかったりするだけで、まったく違う字になっちゃうんだ。だから、正しく覚えなきゃダメだ」

そうダメ出しすると、「〈日本〉も〈目木〉もだいたい同じです。80パーセントくらいは正しい。だから、バツではないのです。前の先生はサンカクをくれました」などと、口角泡を飛ばす学生もいて困った。

また、テストの氏名欄をチェックすると、自分の名前すらカタカナで書けない学生がいた。

「誰よ、ギンって？　このクラスにギンなんて学生、いなかっただろう？」

「それ、クムシュさんですね。〈クムシュ〉はウズベク語で〈銀〉の意味。だから、クムシュはギンです。ギンなら書くのが簡単。クムシュは書くの難しい。それでギンと書いています。クムシュさんは賢いのです」

先述のブーミンがクスクスと笑っていった。

「バカヤロウ。テストには本当の名前を書かなきゃダメだ。ニックネームを書いたら0点だぞ！」

そう怒鳴りつけても、当のクムシュは、「そのテスト、全然わからなかったよ。名前を書いても0点でしょ？」と、落ち着き払ったものだった。

えっ、セックスの意味!?

ところで留学生は、留学前に日本語能力試験5級（N5）レベルを習得しておかねばならないという建前がある。5級とは、「日常生活に支障のない読み書きができる」程度の学力だ。が、この水準に達している学生は少なく、外国人観光客くらいの語学力しかない学生がほとんどだった。何度教えても「あ」と「お」の識別すらできない落ちこぼれがひしめいていたのだ。

けれど、それを恥じたり、反省する気配は少しも感じられなかった。

ただし、できないなりにも勉強熱心な学生はおり、190センチ以上の大男だったアバロフは、「漢字の成り立ち」を学ぶのをいつも楽しみにしていた。

たとえば「色」という字には、「後背位でセックスする男女の形から生まれた」との説があるのだが、それを話すと彼は「えっ、セックスの意味!?」と大喜びしてメモをとったりした。「色恋」とか「色道」といった言葉が示すとおり、色にはカラーの意味合いだけでなく、濡れごとのニュアンスも多分に含まれている。アバロフにはそれが衝撃的だったらしい。

その翌日、「私がアルバイトしているコンビニで〈色〉の話をしました。でも、店長も日本人のアルバイトも、セックスの意味を知らなかった！」と、アバロフは大きな目を見開いて私に報告してきた。彼はよほどうれしかったのか、足をバタバタさせながら大笑いをしていた。

が、こういうクラスメイトの学習熱にケチをつけたがるのが、自己顕示欲の強いルスタムであった。ルスタムは、勤勉な級友をおちょくることで、自分の存在をアピールするようなアマノジャクな一面があったのだ。

男のケンカに口を出すな

「ケンカできない男はみっともない」という前時代的な矜持を持つウズベキスタン人学生らは、時たま激しい内輪もめを起こした。

そのいさかいをなだめるには、並々ならぬ気力や体力を要したけれど、私の一喝は、興奮した彼らをもひるませるだけの声量があった。また、聞きわけのない学生は教室から引きずり出して叱ったので、たいていの騒ぎはすぐに収まった。が、問題は、私の目の届かぬところでの悶着《もんちゃく》だった。

男尊女卑が根強く残っているウズベキスタン人学生たちは、ケンカで頭に血がのぼると、女性職員の制止を無視したり、時には彼女らを罵倒したりもした。

「女ごときが男のケンカに口を出すな」といった暴言を、事務の田中さんや女性講師らに反射的に吐いたのである。

私の休憩中に起こった殴り合いの一つも、ルスタムがアバロフにちょっかいを出して起こった。大慌てで駆けつけてみると、ケンカの仲裁に入った田中さんに対して、ルスタムが「オマエ、うるさい。女は黙っていろ！」と叫んでいるところだった。

「田中さんにオマエとは何ごとだ！」

私は彼の前に進み出て、声を荒げた。

「オマエという言葉は悪くない！　昔は偉い人に使った言葉だと、山下先生はいいました。そうでしょ？」

ルスタムは悪びれることなく、こしゃくな屁理屈をこねた。確かに「御前」は、おんまえ、みまえ、ごぜんとも読み、貴人や君主に使う言葉でもあった。

「おう、そうか、わかった。じゃあオマエ、オマエの母親をここに呼んで来い。そうしたら、オマエの母親にこう言ってやる。『オマエ、オマエ』というオマエの息子を、オマエの国へ連れて帰れ。オマエの息子は、オマエが面倒見ろってんだ。いいか、オマエ！　わかったか、オマエ！」

私が息もつかずに早口でまくしたてると、それを聞いたルスタムは顔を真っ赤にして、黙りこ

くってしまった。

実は、女性べっ視の強いウズベキスタン人でも、母親という存在は別格のようなのだ。家族を大切にする彼らにとって、その中核となる母性は絶対的な地位にあるらしい。「どんなに愛している女性でも、お母さんが気に入らなければ結婚をあきらめます」と、ほとんどのウズベキスタン人学生がいい切るほどなのだ。私はそれを逆手にとってやったのである。

ルスタムと私の舌戦《ぜっせん》を一部始終見ていたスリランカ学生のブラハトが、「山下先生は、やっぱり日本語が上手ね。すごく速い。すばらしい！」といって、ガッツポーズをとった。遠巻きに見ていたほかの学生らも、大爆笑とともに拍手喝采した。アバロフのパンチを食らって左目をはらしたルスタムだけが、ブスッとした顔をして席に戻った。

「やれ、やれ」とひと安心して職員ブースにひき返すと、後からついてきた田中さんが硬い表情で私の前に立った。

「山下先生。さっきのは、ずいぶん大人げなかったですよ」

予期せぬお小言にビックリしてしまった。そんなことをいったって、あの状況では仕方なかったではないか？

田中さんをかばったつもりだった私は、立つ瀬がまったくなかった。

7 寮則――学校ってのは監獄なんだ

資格外活動許可【しかくがいかつどうきょか】留学生は「資格外活動許可」を受ければ、アルバイトが可能。ただし週28時間以内で、風俗関連の仕事は認められない。夏休みなどの長期休暇中は、週40時間まで労働できる。

先生は、ゲイですか？

教室でのケンカのみならず、学生寮でのもめごともたびたび発生していた。寮トラブルをよく起こしたのは、パーティー好きのスリランカ人たちだった。

彼らは誕生日を迎えると、ひと口チョコレートやキャンディーをクラスメイトや職員に配って歩いた。そして、それをもらった学生らは「ハッピーバスデーツーユー」を、授業の初めや終わりに大合唱して祝福したのである。

まぁ、それはそれでほほえましい光景なのだが、問題は、寮に戻ってからくり広げられる飲み会であった。夜通し続く宴会は、それに参加しない寮生を大いに困らせていた。

酒を飲んで奇声をあげる。フルボリュームの音楽で踊りまくる。さらには、共用キッチンを使用している女子生徒に近づき、お尻や胸を触るといった悪ふざけもしているとの話だった。

学生指導をになう事務長は断固たる態度で対処すべきだったが、どうにも手をこまねいている様子だった。というのは、スリランカ人学生のみならず、一部のウズベキスタン人学生やベトナム人学生らも混じっていたため、騒いだ学生の特定ができなかったからだ。

もとを正せば、防犯カメラを1台も設置していない学校の警備にも問題があったし、男子部屋と女子部屋を混在させている寮の配置も悪いのだけれど、女性専用フロアを設ける余裕など到底なく、抜本的な解決はできずにいた。私も、やり玉にあがった学生を呼び出して灸をすえたが、職員不在の時間帯ゆえに決定的証拠がそろわず、どうしてもイタチごっことなってしまっていた。

「勉強とアルバイトで疲れて、すぐに寝たい学生もいるんだ！　何度もいうけど、夜10時以降は静かにしろ。次また騒いだら、トイレ掃除をさせるぞ！」

「先生、私じゃないです。私、お酒が飲めない。いつもすぐに寝ています」

「ウソつけ！　昨日、隣のスーパーで、アガシさんとビールを買っていただろう。オレ、見てたんだぞ。ありゃ、何だよ？」

ハンサムなネズミといった風貌のブラハトは人当たりがよく、毎回オーガナイザーを務めているようだった。が、なかなか強情で、どんなに追及しても、参加メンバーについてはいっさい口を割らなかった。オカマチックなしなを作って「ウフフ」と笑ったが最後、ひたすら適当なウソをつき通したのである。

どんちゃん騒ぎなら居酒屋でやってほしい。しかし、金銭的余裕のないスリランカ人学生にそれは難しい相談だろう。

彼らの事情もわからないではなかったが、とにかく女子学生へのいたずらは看過できなかった。警察沙汰にもなりかねないため、甘い顔は決して見せられなかったのだ。

「女の子のオッパイとお尻だけは、絶対に触るな。学校をクビになるぞ。いいか？」

「それ、私じゃないよ」

「うるせえ！　誰でもいい。触りたいヤツがいたら、オレのオッパイを触れ。お尻も触っていい。わかったか？　みんなにもそういうんだ！」

「ゲッ。先生は、ゲイですか？」

「はっ？」

ブラハトが珍しく真顔になったので、つい私もあせってしまった。

ムチで叩かれないだけマシだと思いなさい

西丘日本語学園の学生は、入学後の6か月間は学校寮に入るのを義務づけられていた。これは営利目的もあったが、素性の知れない新入生をしっかり管理するうえでも都合のいい規則だった。

授業を休んでいる生徒の様子をひとっ走りして確認したり、「1円も持っていない」という学費滞納者が、近所でビールを箱買いしているのを目撃できたりと、労せず目が配れたからである。

なお、入寮義務は、不潔な学生寮を嫌う中国人留学生の急増で有名無実化していったが、私が赴任した時点では厳守されていた。

さて、学生寮トラブルでは、「部外者の連れ込み」も非常に目立った。アパート代を払えなくなった他校の留学生を招き入れたり、バイト先で知り合った日本人フリーターを寮にあげてしまうといった違反がたび重なっていたのだ。

連れ込みが判明すると、事務長の金さんはヒステリックに逆上したが、いざ注意する段となると、その役を私に回した。得体の知れない部外者を相手にするのがイヤだったのだろう。

私個人としては、困っている同胞や、仲よくなった日本人を呼び寄せたくなる気持ちもよくわかった。しかし、「寮の治安が乱れます」という金さんや田中さんの主張を無下《むげ》にはできず、侵入者排除に動かざるを得なかった。ふだん使われていないベッドにパンツ一丁で寝ていた、見も知らぬスリランカ人を追い出したこともあるし、部外者連れ込みをくり返す違反者に、有無をいわさず便所掃除をさせたこともあった。

そんなある日、ウズベキスタン人のボルタエフが、授業中、寮則の締めつけに対する不満の声をあげた。

「あれはダメ、これもダメ。この西丘日本語学園は監獄ですか?」

「監獄」という難しい言葉を使いこなすあたりは、さすがにウズベキスタン勢きっての秀才だ。彼はおとなしいながらも相当な皮肉屋で、ルスタム以上に口うるさい一面があった。彼のように弁が立つタイプはとり巻きができると厄介なので、私は「ここはビシッと抑え込むべきだぞ」と警戒して答えた。

「そうだよ、ボルタエフさん。学校ってのは監獄なんだ。教えただろう? 教育の〈教〉は、子どもをムチでたたく絵からできた漢字なんだ。ムチで叩かれないだけマシだと思いなさい」

この強弁《きょうべん》にもひるまず、ボルタエフはさらに反論してきた。

「では、私たちはお金を払って監獄にいるんですか? ひどい話ですね?」

「ひどいと思うなら、学校を辞めればいい。監獄は自由に出られないけど、学校は出ていくことができる。自分の国に帰ってもいいし、別の日本語学校に転校してもいいだろう。でもね、どこへいったってルールはあるよ。規則を守れない人間は、結局ダメだぜ」

私は、わざと冷たくいい放った。

ボルタエフも「そうですか。わかりました」といって、ムスッと口を閉ざしてしまった。


週末。道場で、いつもよりも長く居合を抜いた。

居合とは、刀が鞘《さや》に収まった状態から、おのれの姿勢を崩さぬように発刀《はっとう》する剣術だ。相手の機先を制することで無用な争いを避けるという、刀術の精髄《せいずい》でもある。

初学の型である「芯之太刀《しんのたち》」が、しっくりこなかった。相手に襟首を引かれて床に突っ伏すという状況を想定し、鞘引く技である。

つかまれた襟首からこちらの動きが伝わらぬように、腰の高さを変えずに左足を引いて鞘を払う型だ。はいつくばるような体勢をいとわず、むしろそこに盤石《ばんじゃく》の腰構えを見いださねばならない。

地味な型ゆえに、余人にはうかがい知れない難しさがある。

居合・錐付
(きりつけ)

8 入学――その学校、本当に大丈夫なのか？

在留カード【ざいりゅうかーど】中・長期間日本に留まる外国人に交付されるカード。氏名、生年月日、性別、国籍、住居地、在留資格、在留期間、就労の可否などが記載されており、常時携帯することが義務づけられている。

急きょ駅前へ直行！

西丘日本語学園は、4月期、7月期、10月期、1月期の年4学期制で運営されていた。それに従い、1年に合計4回の学期テストを実施した。また、4月期と10月期を新入生の受け入れ時期とし、毎年2回、入学式を執りおこなっていた。4月生は2年間コース、10月生は1年半コースのカリキュラムで、卒業時期はどちらも翌々年の3月となる。

4月中旬が過ぎたころ、「新入生がじきにやってくる」と本部から伝えられた。しかし、入学式に間に合うように入国できる学生は、毎年半数程度だ。なぜなら、書類手続きに手間どる学生が多いからで、新入生全員がそろうのはだいたい5月の連休明けだった。

ともあれ、私が着任した3月下旬は在校生クラス一つしかなかったものの、その1か月後には新1年生クラスが二つも増えるのだから、現場はさらに混迷した。教務主任の配属される目途は一向にたっていなかったし、全クラス分の授業を埋める教員数も、依然として確保できていなかった。

しかし私は、新クラスのカリキュラム、教員シフト表の作成、教科書発注などを見切り発車で進めており、活気づく職場にワクワクしていた。

事務の田中さんと金さんにとってはもっとも大変な時期で、学生の空港出迎えなどで連日テンヤワンヤだった。

そんなさなか、デイアルというスリランカ人の新入生が、空港での待ち合わせをすっぽかし、学校の最寄駅まで1人でやって来てしまった。駅から学校へ歩いて来る途中に迷子となったらしく、彼は慌てふためいて学校に電話をかけてきた。田中さんと金さんがいなかったので、デイアルからの連絡は私が受けた。日本語のあやふやな留学生と通話するのは初めてであり、「面と向かって話すより難しいな」と閉口した。

とりあえず、いったん駅へ戻るように指示し、私は急きょ駅前へ直行した。長い時間、学校を留守にするのはマズかったし、次の授業が始まるまでさほど余裕がなかったから、こちらも大慌てであった。

結局、彼が肌の浅黒いスリランカ人だったのが幸いし、すぐに落ち合うことができた。が、もしも彼が中国や韓国の学生だったら、見つけ出すのに苦労したかも知れない。デイアルを連れて歩きながら、「現状の職員数で乗り切るのは、やはり厳しいな」と、改めて頭を悩ませた。

さて、その期の新入生は40人ほどで、スリランカ人、ベトナム人、ネパール人に加えて、中国人女学生2人が入学した。彼女らの物腰は柔らかく、プレイスメントテストの成績は、ほぼ100点だった。また、ひょうきんなスリランカ人の急増により、学校の雰囲気はさらににぎやかになった。

比較的おとなしいベトナム人や、礼儀正しいネパール人も一定数混じっていて、総じて新入生は在校生よりもくみしやすい印象だった。入学したばかりの生徒には、学則の説明、在留カードという身分証明の必携ルール、アルバイト時間の上限厳守、万引きなどの犯罪行為に対する処罰など、オリエンテーションをおこなうのだが、彼らはそれらも行儀よく静かに聞いていた。

新入生たちの如才ない態度を見て、私はひとまずホッとしていた。

サムライ先生とも呼ばれているのだ

数少ない友人の1人に、佐藤という酒好きのフリーライターがいる。その佐藤と、近所の居酒屋で一杯やる約束をした。彼は学生時代からの旧友で、いまだに独身だった。

久しぶりに再会した晩の話題は、やはり私の近況報告がメインになった。着任と同時に、それまでの職員が煙のようにいなくなってしまったことから、佐藤そっくりのベトナム人学生が在籍しているといった、たわいのないエピソードまで、酔いに任せてしゃべりまくった。

「そのベトナム人学生がさ、授業中だってのにケータイの通話をやめないワケだよ。先生としては見すごせないだろう？　それでね、そいつのケータイに向かってさ、平井堅の『瞳をとじて』を熱唱してやったんだ。そうしたら『何で歌うんだ！』ってブチ切れたんで、こっちも『何で電話するんだ！』って切れ返してやったの。で、それを聞いていたまわりの生徒たちが大笑いしてさ」

「オイ……オマエみたいな先生1人で、その学校、本当に大丈夫なのか？」

「大丈夫じゃないよ。オレは未経験者だぞ。誰がどう考えたって、絶望的な状況だよ！」

「うーん。山下はさ、学生のころと、ちっとも変わらないな」

「変わっただろう？　今は学生どころか、先生様だぞ。武術が特技だからな。サムライ先生とも呼ばれているのだ」

「何がサムライ先生だよ、バカバカしい。でもさ、学生たちは面白いかもな」

彼も私も、相当にろれつがアヤしくなっていた。

「山下よ、でもなぁ……面白いかどうかなんて、実はツマんないことなんだぞ。会社勤めではな、ツマんない人間が重要なんだ。サムライだとか、平井堅だとか、そういうのはさ、学生相手にしか通用しないことなんだぞ。オマエ、そこが全然わかっていないだろう？　日本語学校だって、しょせんは会社だからな！」

佐藤は10年くらい前にうつ病となり、そのまま会社を辞めてフリーのライターとなっていた。私の仕事ぶりを聞いているうちに、サラリーマン時代の苦い思いがよみがえったのだろう。ちょっと、ギスギスした空気を漂わせ始めていた。

案の定、その夜の佐藤は、かつてないからみ酒だった。

「オレはな、先生っていわれる人種がいちばん信用できねぇんだ！」という彼の指摘に、私は黙ってうなずくだけだった。

9 掃除——当番制、不退転の覚悟

学則【がくそく】　学校運営の基本ルール。コース期間、学期、授業数、成績評価、修了認定、定員、退学・転校、授業料、教材費、賞罰、寄宿舎、教職員などの規則を明示する。日本語学校開校時に、定めておかねばならない。

武芸の心得にも通じるな

「クラス」には、生き物のごときバイオリズムがある。毎日教壇に立っていると、その息づかいみたいなモノが感じられるようになる。

たとえば、週末をひかえた金曜日には、浮かれムードを感じることが多い。これは当然かも知れないが、一転して、休前日でも空気がどんよりと重い時がある。その原因はさまざまだが、教師はそういう教室のデリケートな気配をいち早く読みとらないと、学生を上手にコントロールできない。それどころか、不要な衝突を起こしてしまうこともある。

とはいえ、私の場合、その手の空気をあえて無視することが多かった。教師がクラスの機嫌をうかがいすぎると、かえって授業の緊張感がゆるみ、にっちもさっちもいかなくなるからだ。自分のペースを堅持するのが山下流だ。

もう一つ、私が大事にしているポリシーに、「クラスの学生全員を同時に相手にしない」というものがある。これは大学時代、教職課程を担当する教授にアドバイスされた秘訣だった。

「授業進行では、学生1人に目をつけて、その生徒に話しかけるようにおこないます。それをまんべんなくくり返せば、ひいきにもならない。いいですか、集団への語りかけというのは、誰1人とも向き合っていないのと同じですからね。学生の集中力は落ちますし、講義も散漫になりがちです。クラスの雰囲気が悪い時は、その空気の核となっている学生を見つけ出して、そこへ注力してください。時には、その学生を除外して授業を進めるのもコツです」

そんな内容のレクチャーだったが、このテクニックを聞いた時、「多人数を敵に回した武芸の心得にも通じるな」と深く感銘を受けた。乱闘となり、1人が大勢に襲われるというシーンはチャンバラでも定番だが、集団で襲う側も、相手が1人という状況は、存外に手こずるものなのだ。

なぜなら、そろって攻撃を仕かけられるのは2人、せいぜい3人くらいまでだから、それ以上の人数となると同士討ちの危険が増す。だから、多敵に囲まれた場合、前後左右のはさみ討ちに留意しつつ、その板ばさみを回避するように立ち回るといい。そうすれば、敵が大人数であっても、論理的には一対一の勝負をくり返すにすぎない。

この理屈がどのくらい実戦的かは知らないけれど、クラスという集団と立ち合う教師も、一対一に持ち込むという機転は大事だと思う。実際、そうやって生徒との距離感を保ち、スイッチングしながら学生と接していると、確かに授業は進めやすかった。

学生に給料を払うべきです

連休明け間もない水曜日、私は職員会議で決定した「掃除当番制」の導入を、各クラスで発表せねばならなかった。

掃除当番制とは、教室に散乱したペットボトルやティッシュペーパーをなくすため、授業後、学生たち自身に掃除をさせるという学校改革案の一つだった。毎日4人の当番が、ホワイトボード、机、床をきれいにするという規則である。

「ケータイを授業前に回収する」という学則すら徹底できていなかった当時、金さんと田中さんはこの掃除当番制の実現にさほど期待していない様子だった。それに反して私は、このルールの定着こそが、ゴミためのような学生寮や、糞尿飛び散るトイレを変えるきっかけとなると信じ、不退転《ふたいてん》の覚悟を固めていた。

さて、発表当日の2年生クラスはテンションが異様に低く、学級全体が妙にザワついていた。掃除当番制を伝えるには、最悪のコンディションといってよかった。掃除当番制の説明を始めると、思ったとおりの大ブーイングが起きた。そして、またもや理論家のボルタエフがかみついてきた。

「なぜ授業料を払っている私たちが掃除をするのですか？　掃除をしろというのなら、学校は学生に給料を払うべきです」

「バカヤロウ！　自分の使ったものをキレイにするのは仕事じゃないんだ。行儀ってもんだろう」

私は「一対一に持ち込む兵法」の極意に従い、ボルタエフに狙いをしぼって論戦をふっかけた。

「いいか、ボルタエフさん。あなたはトイレを使ったら、水を流さないのか？　お金をもらわなければ、ウンコもシッコもそのままか？　それはイヌやネコと同じだろう？　それは人間じゃない。えっ、違うかよ？」

ボルタエフは聡明なだけに、理ぜめに弱いところがある。あらかじめ用意しておいた反論を浴びせてやったので、彼は早々に陥落してしまった。すると、まわりの学生らもスッと大人しくなったので、私はここぞとばかり第1回目の当番者名をチャッチャと読みあげた。

「ファムさん、ギエムさん、ロボフさん、トムニコフさん。今日の掃除当番は、あなたがたです。よろしく！」

巨漢のトムニコフは居眠りしていたが、目を覚まして事情を知ると、ウズベク語で何やらまくしたてた。トムニコフは日本語がほとんどわからないこともあり、ふだんはもの静かなのだが、気分を損ねるとかなり粗暴となった。私よりも体重が20キロ以上あって、アルバイト先では他校の留学生とケンカしてクビになったこともある問題児だった。


でかい図体して甘ったれんな！


授業が終わり、掃除当番の学生らに作業手順を説明しようとしたところ、人数が足りないのに気づいた。いないのはトムニコフで、さっさと3階の寮に帰ってしまったらしい。

「あのヤロウ！」

私は大慌てで彼を追いかけ、自室に入ろうとするトムニコフを見つけた。

「トムニコフさん、テメェは掃除当番だろ！」と怒鳴りつけて、彼の正面に回り込んだ。またしても、彼はウズベク語でゴニョゴニョとわめいたが、「うるせぇ、戻れ！」と一喝し、私はトムニコフが部屋に入るのをはばんだ。

彼のとなりにいたアバロフが「トムニコフさんは眠いからやりたくないといっている」と通訳したので、「眠かろうと、ケツがかゆかろうと、やるんだよ。でかい図体して甘ったれんな！」と、私は低い声ですごんだ。

こちらの剣幕にもひるまず、トムニコフは私の肩に手を当てて、横にふり払おうとした。こちらはサッとかわして彼の襟首に手を伸ばし、後方へ引っぱった。すると彼は激しく身を揺すり、あっと思った時には大ぶりのフックを放ってきた。無駄の多いモーションだったので反射的に避けられたが、空ぶりした彼のパンチは薄っぺらな寮壁に穴を開けてしまった。

私は一瞬迷ったけれど、「クビになっても構うもんか！　鼻っ柱にストレートを見舞ってやる」と腹を決め、スッとひざをたわめた。

ちなみに、私は短気だが、人なみにケンカはキライである。というのは、たとえこちらが殴る側に立ったとしても、大なり小なりケガをするからだ。

まだ20代だったころ、馬乗りで相手を殴りつけた際、手の甲から骨が突き出てしまうというひどい中手骨骨折《ちゅうしゅこつこっせつ》をしたことがある。この経験により、必ずしも「攻撃は最大の防御」とはならないのを知った。自爆することだってあり得るのだ。むろん、こちらが殴られる側なら、もっと痛い目に遭うこともあるだろう。そして何より、警察ざたにでもなれば、果てしなく面倒な事態となる。

しかし、この時は、トムニコフにガチンコを食らわしてやるつもりだった。許せないことを許してしまうのは、職務怠慢だ。誰が何といおうと、逆《さか》ねじを食わせるのも教育なのである。

とはいっても、外国人との立ち回りは、ニューヨークのブロードウェイで黒人らにからまれて以来だった。「万が一、学生にのされたらどうなるのかな?」との考えが、ふとよぎったりもした。

その間一髪のところでルスタムが飛び出し、「先生、オレがトムニコフによく話す! 明日は必ず掃除させます。だから、今日は休ませてほしい」と、割り込んできた。

「よし、わかった。約束だぞ」

私はアッサリ、その場を後にした。いい落としどころを得て、内心では「助かっちゃったな」と、ホッとしていたのだ。

翌日、トムニコフは満面の笑みで授業を受け、掃除にも素直に参加した。

「先生。キレイ、キレイ、私、好きね。掃除、みんなでします」

一変した彼の上機嫌に気おされて、「おう、キレイっていいよな」と、私もおかしなことを口走っていた。

なお、この掃除当番制はその後も踏襲されていった。グループ校初の、ささやかな快挙だった。

10 圧力——クビにしたけりゃしろ！

副教材【ふくきょうざい】 CD、DVD、絵カード、雑誌や新聞の切り抜きなど、教科書と組み合わせて使う教材。視覚、聴覚、遊びといった要素を加えることで、学習効果を高める工夫。市販品と教員が自作するものがある。

「先生、アニメみたい！」

西丘日本語学園には、都内に二つ、栃木県に一つの系列校があった。西丘日本語学園をふくめて、どの兄弟校も新しく、どこも3年前後の歴史しかなかった。グループを束ねていた統括部長は、吉川さんという中国人女性で、彼女はふだん三鷹市にある三鷹国際スクールに勤務していた。

ところで、日本語学校のスタッフには、中国人や韓国人が少なくない。そして彼らは、なぜか日本名を名乗っていることが多かった。吉川さんはセカセカとしゃべるヒステリックな女性で、グループ各校を見回っては「両面印刷以外では、裏紙を使いなさい！」とか「ゴミ袋の交換は週1回にすること！」といった、みみっちい小言をまき散らしていた。

彼女の采配でもっとも途方に暮れたのは、学生が使用する教科書の購入費をいっさい認めてくれないことだった。そのせいで、学校の書架にある蔵書を毎回コピーして学生に配らねばならず、私は何かというとコピー機の前に立っていた。

ともあれ、生徒から徴収した年間2万円の教材費は使途不明で、学生からも疑念の声があがっていた。

また、会話学習に使うCDやDVDといった副教材の補充も許可されず、大変に困っていた。非常勤講師から「どうにかなりませんか？」との不満が噴出していたけれど、私は「どうにもならないみたいです」と答えるしかなかった。

交渉の末、DVDプレーヤーの稟議《りんぎ》はとおったが、その一方でDVDソフトの購入は認められなかった。というのは、ポータブルプレーヤーはネット通販で1台3千円くらいから買えるのだが、DVD教材は1枚1万円近くもしたからだ。プレーヤーがあってもソフトがなくては無意味である。

結局、数少ない音声教材は非常勤講師に優先して使ってもらい、私自身は音声教材のスクリプトを自分で読みあげて授業をした。そのおかげで、「人物Aは男性の低い声色で、人物Bはかん高い女性の声色で」といった、一人二役や三役の読み分けがずいぶん上手くなった。特に女性の声色は、「先生、アニメみたい！」と学生から絶賛されるほどまでに磨かれていった。

日本語学校の生命線

この吉川さんの評判は、ほかのグループ校でも芳しくなかったらしい。彼女の横柄な態度には、社長も手を焼いているという話だった。それでも吉川さんがグループに君臨し続けていた最大の理由は、彼女が新入生募集のポストを掌握していたからだ。

日本語学校の生命線をにぎっているのは、「エージェント」と呼ばれる留学生の仲介業者である。エージェントがかき集めた学生の質と量により、日本語学校の経営は浮き沈みする。それゆえに各国のエージェントはもちろんのこと、エージェントとやり取りする担当職員も、経営者ですら頭があがらぬほどの発言力を持つようになる。吉川さん独裁の下地には、そのような内情があったのだ。これはどこの日本語学校でも、大なり小なり同じだろう。

しかし、その春から、吉川さんとは異なる独自のエージェントパイプを持つ金さんが入社したことで、新入生募集は吉川さんと金さんの2人体制に改められた。これが吉川さんのシャクにさわったようで、彼女は常にイラだっていた。

そのため、金さんが所属する西丘日本語学園に対する吉川さんの嫌がらせは、日を追うごとにエスカレートしていった。

グループ共催の運動会や修学旅行といった企画から西丘日本語学園だけをしめ出したり、西丘日本語学園の事務職員に30分ごとの業務報告書を提出させたりと、彼女は思いつく限りの圧力を露骨にかけてきた。

課外活動に参加する余裕がなかった当時、運動会や修学旅行からの除外はかえって助かったが、30分に1回の業務報告命令は、田中さんら事務員を追い込むにはうってつけの仕打ちであった。

日本語学校の事務員は、授業欠席者への電話連絡、寮の見回り、出納管理、校内備品点検といった通常業務のほかに、ビザ申請、新入生の住民登録や銀行口座開設の付き添いなど、多岐にわたる仕事を抱えている。そこに「半時間ごとの詳細な報告書をあげろ」というのは、とんでもないプレッシャーだった。

「報告書が短い！　すべてが把握できるようにくまなく記入しなさい！」

吉川さんの理不尽な要求に耐えかねて、田中さんの顔は見る見るやつれていった。その姿を見るにしのびなく、ある日私はとうとう「あのババア。根性までクソババアだな！」といきり立って机をたたいた。

すると金さんが、近所のスーパーで特売されていたコーラ味のグミを私と田中さんに一袋ずつ手渡しつつ、余裕の笑みを浮かべて「まぁ、まぁ」となだめた。

「山下先生、大丈夫でしゅよ。今ね、社長といろいろ相談しているんです。何とかなりそうなんでね、問題はないっしゅよ」

彼の妙な落ち着きぶりに、私と田中さんは顔を見合わせた。

「このグミ、そこのスーパーで一袋30円なんでしゅよ。日本のお菓子は中国のと違って、甘みがぱぁーっと口に広がる。本当においしいですね。さぁ、どうぞ召しあがってください」

金さんはグミをほおばり、うれしそうにグニャグニャとかんだ。そしてまた「心配ないよ、心配ない」と、おごそかにうなずいた。

ちなみに、そのグミのパッケージ裏面には「メイド・イン・チャイナ」と記載されていた。

中国人同士のパワーゲーム

翌週、「西丘日本語学園の職員を全員解雇するようにと、吉川さんが社長に進言した」とのウワサが舞い込んできた。私は「クビにしたけりゃしろ！」と開き直っていたが、それから間もなく、本当に社長がやってきた時には、さすがにドキリとした。

私と社長は初対面だった。彼は私よりひと回り若い青年実業家で、最初は「飛び込みの営業マンかな？」と思ったくらい、貫禄には欠けていた。しかし、中国人と知らなければまったく気づかないほど、日本語はりゅうちょうだった。

早速、社長を囲んだ臨時会議が開かれた。

「山下先生、はじめまして。私がこの学校の経営者、谷川です。いろいろと大変な状況ではありますが、山下先生、金さん、そして田中さんには本当に頑張っていただいております。本日はその感謝を申しあげるべく、遅ればせながら参った次第です。私の本業は不動産屋ですので、学校経営にはうといところがあります。しかし、私自身も日本語学校で学んだ留学生でしたから、この事業には深い思い入れがあります。今後とも、ぜひお力添え願います。なお、吉川さんの件ですがね……とにかく彼女のいっていることはメチャクチャなんで、いっさい気になさらないでください。その点は、本当に心配ありませんから」

手短にそれだけいうと、彼は白い大型SUVに乗り込み、あっという間に去ってしまった。


さらに1週間後。金さんから吉川さんが退職したことを聞かされた。

金さんという新しい募集係を得たこともあって、谷川社長は彼女をお役ご免にしたらしい。

「えっ！　ずいぶん急な話ですね？」

私は、あきれ果てていった。

「まぁ、そういうもんでしゅよ」

金さんはそういって、例の一袋30円のグミをポイっと口に放り込んだ。彼のロッカーには箱買いしたグミが山のようにストックされており、相当に気に入っているようだった。

「あっ、コレ……山下先生も食べますか？　たくさんあるよ」

「いえ。今は結構です」

中国人同士のあからさまなパワーゲームを目の当たりにし、私はちょっと恐ろしくなっていた。日本人だけの企業とは、やはり勝手が違う気がした。

この遅延
証明証は…
先週の
ではないか
これは
路線が
違うぞ
センセイ
選んでください
何だその
ストックは…!!

11 除籍——逮捕された女子新入生

適正校【てきせいこう】 学生管理などに問題がないと認められた学校。不法残留者が年間5パーセントを超えると非適正校となり、さまざまなペナルティが科せられる。3年連続の非適正校は、留学生の受け入れができなくなる。

摘発された風俗店勤務の美人学生

上天気だったその日、田中さんから「摘発された風俗店に、新入生のマさんが勤務していた」というショッキングな情報がもたらされた。

マは、2人しかいない中国人新入生の1人で、モデル体型をした背の高い美人だった。礼儀正しく、ふんわりとした優しさを持つおとなしい生徒だったため、最初は何かの間違いだろうと半信半疑だった。が、警察に留置されて取調べを受けているとの続報を聞くにいたり、もはや疑いの余地はなくなった。

留学生は、風営法にかかる店でアルバイトすることが禁止されている。この規則をやぶった学生は、たいていが退学処分となるのだが、マの件でも金さんの決断は速かった。

「山下先生！　マさんから、学校に残りたいとの連絡がありました。けれどね、彼女は風俗店で働き、警察にもつかまった犯罪者でしゅ。よって学校はマさんを除籍にする！　それでよろしいですね？」

私は、たった1人しかいない教務課の代表者として、意見を述べねばならなかった。

「マさん自身は『そういう店だと知らなかった』と主張してるんでしょう？　『ルームメイトに紹介されたアルバイトで、受付業務を手伝わされただけだ』というから、まんざらウソじゃないのかも知れません。書類送検されずに済みそうだし、もう少し様子を見てみませんか？」

マは、入寮を免除された学生だった。年上の中国人女性と一緒にマンション暮らしをしており、その女性も風俗店の関係者として連行されたらしい。

「ナゼでしゅ!?　マさんはリッパな犯罪者ですよ。そもそも彼女はね、いつもイヤラしい服で、ヘラヘラと学校に来てたでしょ？　私はずっと腹がたっていたんですよ。本当にイヤラしいよな！」

そう激高《げっこう》する金さんに、私はあ然としてしまった。それまでは「マさんの出身校は、中国屈指の優秀校なんでしゅ」だの「彼女は賢くて素直な生徒でしゅ」だのと、金さんはマをさんざんホメちぎっていたのである。何という手のひら返しだろうと、彼の顔をまじまじと見た。

それに日ごろ、マはどちらかというと清楚で落ちついた服装をしており、決して扇情的な格好などしていなかったのだ。その場その場の気分で、自分の記憶すらもねじ曲げてしまう金さんの思考回路に、私はもっともイヤなたぐいの愚かさを感じた。

「ともかく、金さん。警察で取調べを受けたとか、留置されたとかだけで犯罪者とは決めつけられませんよ」

「どうしてでしゅか！　犯罪者だから警察に留置されたんでしょ？」

「そうとは限りません。たとえば、金さんを疑った警察が、金さんを留置して調べたとします。けれども、犯人だという証拠が見つからず、金さんを釈放しました。これで金さんを犯罪者といえますか？　違うでしょう？　さしあたってマさんは、それに近い状況ですよ。まぁ、まったくのお構いなしでもないから、次のビザが通るかどうか微妙でしょうけれどね」

「そうでしょう！　そうですよ。だから、彼女を呼び出して話は聞いてあげます。でも、退学は決定です。つまり、山下先生のいいたいことは、そういうことでしょう？」

暴力的なニンニク臭を発散してつめ寄る金さんに、私はやむなくいった。

「違いますけれど、勝手にしてください」

あなたを助けることはできない

マの面談には、金さんと私が応じた。本当は同席したくなかったのだが、「担任教員がいなきゃ困るでしょ?」と金さんに強要されて、断りきれなかったのだ。

マは、顔が真っ白になるほど憔悴しきっており、済まなさそうに菓子折りを差し出した。その後はひたすら「ごめんなさい、ごめんなさい」と泣いて謝っていた。

私はますます同情したが、気に入らなかったのは、入れ替わり立ち替わりする彼女の付き添いと称する若い連中であった。風俗店勤務を勧めたというルームメイトの女性や、その親戚だという男らは、髪を赤や黄色に染めたうさん臭いチンピラだった。

史上空前のバブル経済にわいた中国は、日本人の想像を絶する成り金がゴロゴロする一方、豊かさにとり残された貧困層もあふれているという。成人したわが子に一軒家や高級マンションをプレゼントする親がいる反面、学費援助すら満足にできない家庭もあるのだ。

マの詳しい生いたちは知らなかったが、こういうヤカラに囲まれてしまうような事情があったのだろう。私の気分は果てしなくふさいだ。

マの付き添い人は、「どうしても退学ならば、ほかの日本語学校に転入する手助けをしてほしい」と訴えてきた。が、トラブルを起こした学生を受け入れてくれる学校を探すのはホネだし、今回の一件を隠して転校させれば、バレた時に大問題となってしまう。状況からして、彼女の受け入れ先を探すのは、西丘日本語学園に留まるよりもハードルが高かった。ともあれ、金さんが冷淡な態度に徹していることもあって、話し合いは平行線をたどった。

「マさん、残念です。あなたより悪い人は、とてもたくさんいる。しかし、ルールを破ってしまうと、そういう悪い人たちの仲間になっちゃうんだ。あなたを助けることはできない」

私はそういいながら、「あれれっ?」と戸惑っていた。いつの間にか自分の両目から涙がボロボロと流れ出して、止まらなかったからだ。

「マさん、中国に帰っても必ずチャンスはある。自信をなくしちゃダメだ。自分を大事にするんだよ。大丈夫、間違いなくいいことがあります」

金さんは、ハブと闘うマングースのような目つきでマを見すえ、私の言葉を適宜中国語に訳して伝えてくれた。それが聞こえているのかいないのか、マは「ごめんなさい、ごめんなさい」といつまでも泣きじゃくっていた。

彼女は結局、在籍期間1か月ほどで退学となって帰国した。

12

試験——それでも赤点は減らない

定期試験【ていきしけん】 学期ごとにおこなう校内テスト。告示基準では定期試験も授業時間に含めている。文字語彙、文法、読解、聴解、作文、会話といった科目があり、この結果で成績評価したり、学級編成の参考としたりする。

一夜漬けの勉強すらする気がない……

日本語学校では、学期ごとに校内テストをおこなう。この結果を基準にしてクラス分けをするのだが、西丘日本語学園は学級数の少ない学校なので、学生のクラス移動はほとんどなかった。

ただし、その試験成績は、大学や専門学校に進む際の内申点ともなるから、学生たちにとっては非常に大事なテストとなる。けれども、彼らにはそれがいま一つピンときていないようで、しっかりと試験勉強をしてのぞむ者はまれだった。

前任者が定めた方針を踏襲して、成績評価はA、B、C、Dの4段階にわけ、40点未満の

「D評価」だった学生には再試験を課した。再試験者は1科目ごとに千円の手数料を払うため、何科目も落第点をとった学生は結構な出費を強いられる。

赤点をとる者が1人でも減るようにと、あらかじめ出題する問題とその答えを教えてやるのだが、それでも赤点は減らなかった。試験制度のゆるい社会で育った留学生たちは、一夜漬けの勉強すらする気力がわかないみたいだった。

再試験者の続出により、私は昼休みや放課後を割いて再試験の監督を務めねばならず、定期試験シーズンは生徒たちよりもテスト漬けになった。

西丘日本語学園の定期試験は、「文字語彙」「文法」「読解」「聴解」の4科目のみだったけれど、これに「作文」や「会話」のテストを加える学校もある。私はたった1人で、この4教科のテストを3クラス分作成し、加えて新入生の学力考査をするプレイスメント・テストを作ったりもしたので、連日かなり残業せねばならなかった。

授業で学習した範囲から、1科目40分の試験時間に適した問題量を考え、ぴったり50点満点になるようにまとめる作業は、編集者経験がある私でもずいぶんと手間どった。

テスト実施後は、採点結果をクラスごとにデータ保存し、各学生に配る成績表も作る必要があった。授業で怒鳴り散らして体力を消耗した後、こういった神経を使う仕事に没頭するのはしんどかったけれども、徐々に慣れていった。

「おい、ケータイはダメだ」

最初の定期試験は6月だった。

テスト当日は、教室へのケータイの持ち込みがいっさい禁止された。すべての電話機は、事務カウンターに預けるのがルールとなっていたのだ。

また、試験中のカンニングはもちろん、私語厳禁、遅刻による途中入室も認められず、これらの規則をやぶった者はその場で失格、再試験の対象者となった。再試験の場合、どんなに高得点をとっても、C評価しか与えられない。

が、ルーズな留学生らは、このペナルティをものともせず、平気で私語を交わしたり、母国語で答えを教え合ったりする……との実情を田中さんから聞いていたので、私は鬼のような形相で試験監督にのぞむことにした。問題児の多い2年生クラスを担当し、ほかのクラスは非常勤講師に任せた。

さて、私が監督したクラスは1限目まで順調だったものの、2限目でいざこざが発生した。何かと横車を押したがるルスタムが、禁止されている電話機を持ち込み、堂々といじり始めたのだ。前夜は相当に酒を飲んだらしく、彼の顔はずいぶんとむくんでいた。

「おい、ケータイはダメだ。今すぐ田中さんに預けてこい！」

私が鋭く注意すると、それを待っていましたとばかりに彼はゴネ出した。

「イヤです。テストを解く時はケータイを見ない。終わったら、また見る。それならば問題ありません。これは私の自由です」

「バカヤロウ！　ルールを守らないヤツに自由なんてねぇんだ。0点になるだけだぞ、タコ。とっととケータイを田中さんに預けてくるか、千円払って再テストするか、どっちか選べ！」

そう厳しくいっても、この日のルスタムはことのほかガンコだった。

「あなたのいうことは、意味がない。テストが始まったら見ないと約束しているのに、なぜダメなのか？　こんなテスト、オレは簡単にわかる。信じてください」

「アホタレ。じゃあ、『オレは人を殺さない』といったら、ピストルを持って歩いてもいいのか？　警察につかまるに決まってんだろが、マヌケ！」

私はそうタンカを切りつつも、かたくななルスタムの様子から「いくら説得してもムダみたいだな」と冷静に見極めていた。

「どうしてもケータイを渡さない、この教室からも出ていかないというんだな？」

「そうです。しつこい！」

「よし、ルスタムさん以外の学生は全員、D教室に移動！　ルスタムさん、オマエはここにいろ。試験は受けられないよ。あとでお金を払って再試験だ。わかったか？」

「イヤだ！」

「じゃあ、学校はクビだ。あばよ」

ぞろぞろと移動を始めたクラスメイトに、ルスタムはキョロキョロとしつつも虚勢を張り続けた。

「私は再試験を受けない！　お金も払わない！」

「オレにゃあ、関係ないね。アンタは卒業できない。専門学校にも行けない。留学ビザもなくなる。そういうワケだ。バイバイキーン！」

私は、軽い調子でいって手をふった。

「何があったんですか」と心配そうに顔をのぞかせた田中さんへ、あらかたの事情を話すと、私は教室を後にした。田中さんは、例のごとく「まったく、もう！」という苦々しい顔をしたけれど、「まぁ、ルスタムにはいい薬でしょう」とつぶやき、小さくうなずいた。

ルスタムが「再試験を受けます」とやってきたのは、5日後のことだった。

金さんや田中さんにかなり油をしぼられたらしく、めずらしくショゲていたが、それでも彼の鼻っ柱は強かった。

「先生、ごめんなさい。でも、先生にも問題があります。学生をボイコットするのは、本当によくないことです」

「そうだ。学生をボイコットする先生はルール違反をしている。なっ、やっぱりルールは大事だろ？　守んなきゃダメなんだよ」
そういって笑う私に、ルスタムは「フン！」と、うざったそうに鼻を鳴らして目をそらした。

土曜日。道場で、中太刀《ちゅうだち》を稽古した。中太刀は、大刀とも称する一般的な長さの刀のことで、「小太刀」や「大太刀」と区別して呼ばれる。

八相《はっそう》構えからの正眼《せいがん》制覇を、門下生に手ほどきした。八相は、剣を右肩にかつぐような体勢をとる。これは、上段構えを折りたたんだような案配で、機敏な打ち込みに適している。相手は、一見無防備なこちらの左小手もしくは面を狙ってくるが、それを鋭い正面斬りでしのぐのだ。

この際、腕の上げ下げが大きいと、剣速は鈍り、相手につけ込まれてしまう。身の沈みをもって剣を浮かし、かつ打ち出すことが肝心で、それは手裏剣術の極意にも通じる。

追わず、引かず、相手を止める。私がもっとも美しいと思う太刀筋の一つだ。

中太刀・三本目

13
遠足――経費がほとんど認められない

課外活動【かがいかつどう】 教科学習以外の特別授業のこと。入学式、卒業式、遠足、弁論大会、初詣、クリスマス会、防災訓練、進学セミナーといった恒例行事や文化体験、懇親パーティー、校外見学会などがある。

近所だし、入館料も高くない

留学生は、大学進学において「日本留学試験（ＥＪＵ）」と呼ばれる校外試験の成績を求められることが多い。一方、専門学校においては、「日本語能力試験（ＪＬＰＴ）」という日本語検定の合否判定をたずねられるのが常だ。これらのテストは年２回ずつしかおこなわれない。それゆえに日本語学校では、両試験の実施時期に合わせて試験対策講義や模擬試験をカリキュラムに組み入れている。

着任して間もないころの西丘日本語学園には、大学志望者がいなかったので、ＥＪＵ対策は不要であった。ＪＬＰＴを考慮したスケジューリングのみで充分だったため、テキストの選定やカリキュラムの立案は思ったより早く終わり、その結果、課外活動を企画する余力をようやく持つことができた。

課外活動とは、遠足や親睦パーティーのたぐいの学校行事で、この時まで一度もおこなっていなかった。そのせいで学生たちからは不満が噴出しており、「知り合いの通う日本語学校は浅草で浴衣体験をした」だの、「ネットで見た学校は日光にいっていた」だのと、何度もせっつかれていた。

しかし、いざプランニングに取りかかろうとすると、社長の承認を得るのが困難で、思うように計画がまとまらなかった。「卒業遠足のディズニーランド以外は、経費がほとんど認められない」という田中さんからの助言もあり、企画は二転三転した。私は、お金のかからない遠足を考えねばならなかったのだ。

日本語学校の遠足をインターネットで調べてみると、鎌倉旅行、川越散策、動物園見学などの様子が紹介されていたが、どれも一度はプランニングしたアイデアで、「遠い」「お金がかかる」と却下されたものばかりだった。

「どういうプランなら稟議が通るんだろう？」と頭を抱えていた矢先、非常勤講師の神田先生から「川口市にある映像ミュージアムはどうですか？」と、勧められた。そこはテレビ放映作品や映像技術の展示が見学できる施設で、本番さながらにスタジオ収録体験もできるのだという。

なるほど、近所だし、入館料もさほど高くない。早速、そのミュージアムに連絡してみると、私がニュースキャスター役、学生たちがゲストコメンテーター役を務めるという仮想番組づくりの体験コースを提案された。スタジオで生徒が日本について意見したり、感想を述たりする様子をカメラ収録し、それをＤＶＤにも焼いてくれるというのだ。

シブちんの社長もこの内容は気に入ったらしく、すぐにゴーサインが出た。

かくして田中さん、金さん、私の３人で、全校生徒70人ばかりを引きつれて遠足に出かけることとなった。

私たちに手裏剣を教えてください

団体行動が苦手な外国人を引率するのは、手綱をつけずにイヌの散歩をするようなものだった。神経をすり減らしてヘトヘトになったが、そういう苦労のわりには、この課外活動に対する学生からの評価はいま一つであった。

彼らは、あこがれの東京名所をめぐったり、ディズニーランドのような大型娯楽施設で発散したいのである。学校とアルバイト先を往復するだけの毎日を送っている貧しい学生ほど、課外活動への期待は大きかったが、そのニーズからは外れていたらしい。

むろん、生徒の願いに応えてやりたいものの、出費のかさむ企画は経営サイドが許可しないのだからしかたがない。私は「やれることはやったぞ」と、開き直るしかなかった。

課外活動の翌週、ウズベキスタン人学生のルスタムと、入学して間もないスリランカ人学生のナサルが連れだって教務ブースに顔を出した。そして彼らは、再び課外活動へのグチをこぼし始めた。

「先生、この学校はケチだから、おもしろくない。遠足もガッカリした」

眉間にしわを寄せたルスタムが、まず口を開いた。

「学校は勉強するところだぞ。おもしろくなくて結構だね。いいか、おもしろいモノってのは、自分で探すんだよ。私は毎週、刀や手裏剣を練習しているけどさ、コイツは学校よりも楽しいぜ」

それを聞いたナサルが、わが意を得たりとばかり「それです！」と手を叩いた。

「先生。私たちに手裏剣を教えてください。オレとルスタムだけでいい。強くなりたいです」

ちょっと面食らったが、「う〜ん、なるほどね」とうなった。ルスタムは、私の武術動画を見てクギづけとなっていたし、ナサルも「武道を学ぶにはどうすればいいですか？」と、たずねて来たことがあったのだ。2人とも武術に関心があるのは知っていたけれど、私に習いたいと申し出たのは初めてだった。

私は郊外の空手道場を間借りし、古流武術の稽古会を開いている。武士が「外物《とのもの》（裏技や裏芸のたぐい）」として学んだ棒手裏剣術も教えていたが、初心者が飛び道具を扱うのはかなり危険だ。しかし、「木刀を用いた素振りなら教えてもいいかな」と、瞬時にひらめいた。

私が教えている新陰流《しんかげ》系の剣術は極めて技巧的で、習得には相当の時間がかかるため、「あきっぽい彼らには無理だろう」という気がしたが、一応、やらしてみるのもいいかも知れない。幸いにも、デモンストレーション用に持ってきた木刀をロッカーに置いたままだったので、すぐにでもレクチャーできた。

「よし、授業が終わったら、非常口前の休憩スペースに来なさい。刀の使い方を教えてあげよう」

そう指示すると、2人は「はい」と即答した。

なお、私が修練している古流剣術についてもう少し説明すると、まず、その操刀法《そうとうほう》は現代剣道における竹刀の扱いとずいぶん異なる。いったん柄《つか》をにぎっている左手をはずし、その左手の甲を右こぶしの下に添えつつ、剣をダランと垂らしながら振りかぶるのである。振りかぶった際は、垂らした剣が左肩にのる格好とならねばならない。そこから剣を振りおろしつつ、左手は再びツカの下方をにぎる。一連の動作においては、肘をいっさい曲げないようにする。

この操刀には右肩に剣をのせる逆バージョンもあり、この2パターンのくり返しが、8の字を横に倒したメビウスの輪のごとき無限軌道の刃筋を生みだし、防御と攻撃の連動を可能とするのだ。

往時のサムライは、素振りを3年で会得できれば一人前と認められたそうだが、私の場合は10年くらいかけてようやく形になった。そして、その倍以上の時間を費やしても、いまだに未熟を痛感しているのだから、根気のない彼らがどんな反応を示すのか……これはちょっとした見ものだった。

私は、血なんか怖くない

約束どおり、素振りのレクチャーを自動販売機わきでおこなった。

「腰は居合腰といって、前足を深く屈し、後ろひざが床につくギリギリまで落とすんだ。苦しいかも知れないけれど、バランスがとれれば楽になるぞ」

「肘は伸ばしたままにする。絶対に曲げない。刀を動かす時は、速くしたり、遅くしたり、止めたりしない。同じ速さにすることが大事だ」

「刀はナイフと同じだ。叩いちゃダメだ。大きくすべらせて使うんだ」

「無駄な力はブレーキにしかならないぞ。力を抜くほど、力が伝わることを学ぶんだ」

2人とも成績はそこそこだったので、私の説明は理解できているようだったが、どうしても力まかせのぶん回しとなった。入門したばかりの道場生にするのとまったく同じ注意をしたのだけれど、日本人のような丁寧さというか、慎重さが露ほども見受けられない。がさつな我流におちいるばかりで、やればやるほどメチャクチャになっていった。

「ダメ、ダメ。あなたたちの動きは固い。美しくないんだよ」

「先生、オレは強くなりたい。美しいのはいらないです」

早くも退屈しだしたルスタムがこぼした。ルスタムほどではなかったが、ナサルも思ったようなストレス解消につながらず、納得のいかない様子だった。

「これを見てくれ」といってルスタムが腕立て伏せを始めると、ナサルも一緒にやり出した。「こんなトレーニングをしなくても体力は充分にあるんだぞ」というアピールのつもりらしかった。

「わかった。わかった。でも、いま学ぶのは、パワーじゃなくて、テクニックなんだ。テクニックのある強さは美しい。血だらけになって勝つよりも、指一本で相手を負かしたほうがエレガントだろ？　日本人はそういう強さを大事にするんだ。それがわからないと、練習しても意味がないよ」

ナサルはあいまいにあいづちを打ったが、ルスタムは目の色を変えて首を横に振った。

「日本人は勇気がない。私は、血なんか怖くない。それが強さでしょ！」

ウズベキスタンも、スリランカも、近年までテロや内戦が続いていた国だ。彼らからすれば「活人剣《かつじんけん》」の思想など、平和ボケした愚か者のたわごとなのかも知れない。私は戦争経験がないし、戦場を経験したいとも思っていないが……ルスタムの表情は、「そんな人間に武術を語る資格はない」といっているかのようだった。まぁ、それも正論だろう。

しかし、私は胸を張って答えた。

「勇気がなくても平気だね。私は血を見るのが怖いぞ！　だから武術を学んでいる。文句あっかよ？」

するとルスタムはちょっと考えてから、再び口を開いた。
「じゃあ、先生はもっとおとなしくしたほうがいいです。あなたは危険だ」
それを聞いたナサルがププッと吹き出し、額に手を当てて大笑いした。

土曜日。杖《じょう》とも呼ばれる130センチ程度の細身の棒を使う稽古をした。刀との立ち合い想定しているため、相手の攻撃をいっさい受け止めないのが基本である。

棒の端を右手でにぎり、長い部分を後ろに送って右腰につける構えを「水月《すいげつ》」と呼ぶ。滑るように前へ進み出て、対敵が剣を打ち出す直前、下からすくいあげるようにして棒の尖端を突きつける。ここに極意がある。

長さのある棒は、得てしてふり回しやすく、動作が緩慢となりがちだ。それゆえ、小手の送りではなく、足の運びや腰の沈みで突き出さねばならない。

安易に動きやすい手先を、抑えれば抑えるほど、棒は鋭く相手をとらえる。この「静中の動」にこそ、棒の奥深さがあるのだ。

棒・四本目

14 会議——何とか急場はしのげるかも知れない

長期休暇【ちょうききゅうか】　授業を長くおこなわない期間。学則で定められた授業数を下回らなければ、春夏秋冬、回数を問わずに設けていい。なお、長期休暇中は、学生のアルバイト時間の上限が緩和される。

学生らと四つに組むだけの度量があるのかな

あっという間に夏休みが来た。

学生の休みは3週間ほどもあったが、職員の盆休みは土日を含めた5日間だけで、他日は通常どおりに勤務しなければならなかった。授業のない期間の教員はヒマだと思われがちだけれど、たまった業務データの処理や新学期の準備を集中してやるため、むしろ気が張る。この時期に雑務を片づけておかねば、通常授業に戻った時、サービス残業に苦しむこととなるのだ。

長期休暇中は、大掃除もおこなう。床、窓、机を拭いたり、天井の蛍光灯を磨いたり、さらにはエアコンのフィルターやダクトの洗浄までする。また、休暇中にも病気や事故に見舞われる学生がいるので、そのへんの対応も心がけておかねばならない。

いちばん悩ましかったのは、新学期から本格化する進学指導の準備だった。この年の学生は全員が専門学校進学を志望していたが、私は留学生対応に定評のある専門学校をまるで知らず、どう対処すべきかを考えあぐねていた。

学生たちが望む学校は、「首都圏に位置し、学費は年間70万円以下」「ビザ更新のサポート体制が万全」「筆記テストが悪くても簡単に入学できる」といった、むしのよすぎる条件ばかりだった。そんな彼らの相談に粘り強く応じるには、充分なキャリアがないと難しい。指導経験のまったくない私には荷が重すぎたが、とにかく、専門学校の入学担当者を招いた進学説明会を開催したり、手当たり次第に学校案内をとり寄せたりと、ささやかな努力を積み重ねていた。

手こずっている私を見かねた事務の田中さんは、「職員合同会議」という、グループ職員の親睦を兼ねた全体会議を社長に進言してくれた。系列校の職員を池袋本部に集結させて、各校の取り組みや問題点を報告し合い、進学情報の共有や意見交換をするという試みである。

さて、それが実現したのは、夏休みが終わる寸前の猛暑日だった。池袋本部を訪れたのは初めてで、私は道に迷ってしまい、オフィスに着いたころには全身汗まみれになっていた。

集まった職員は10人強。会議室には、やけにハシャいでいる教員や、つまらなそうに窓の外を眺めている教員などがいて、その落差が気になった。教員のほとんどは、「学校というアカデミックな雰囲気にひたりたいオタクさん」といったオーラを身にまとっており、「フワフワした人が多いな」という印象だった。早い話が、ひ弱なタイプが目につき、「若さを持て余した学生らと四つに組むだけの度量があるのかな」と、ちょっと疑わしく感じたのである。

種々の資格検定を受験するのが趣味だという教員たちの輪では、カウンセラー資格の話題で盛りあがっており、また、あちこちの教育セミナーに参加しているという教員たちは、各種プログラムの批評を語り合っていた。どの道、私にはチンプンカンプンだったので、黙って聞き耳を立てていた。

ちなみに、日本語教師になるコースは「日本語教育能力検定試験」に合格するか、420時間の「日本語教師養成講座」に通うかの二通りが多いようだ。私みたいに大学で必要単位をとって資格取得した教員はほかにおらず、彼らは養成講座を受講した学校についても楽しそうに感想を述べ合っていた。

さて会議本番になると、どこの学校からも経費不足や人手不足にあえいでいるという報告が延々と続いた。退屈このうえなかったが、この会議中に配布された「グループ校内進学先〈大学・専門学校〉一覧」は非常によくまとまっており、それこそが私の求めていた情報であった。系列校を卒業した学生が進学した学校、学部学科、納入金、出願条件、入試内容がこと細かく記載されていて、備考欄には合格者の学力や所見なども記されていた。

「これを頭に入れれば、何とか急場はしのげるかも知れない」

会議の切り盛りをしてくれた田中さんに、私は改めて深く感謝した。

日本語学校にいると、おかしくなりますから

一日がかりだった会議の終了後、谷川社長が「山下先生、この後のご都合はいかがですか?」と耳打ちしてきた。そして「食事でもしながら少しお話ししませんか?」と誘ってきたのである。

声をかけられたのは、私と田中さん、それと宇都宮校の新任校長だった。「何でオレが声をかけられたのだろう?」とけげんに思ったが、うながされるままに社長が運転するSUVに同乗した。

すきあらば車線変更をくり返し、前方の車を強引に追い越していく乱暴な運転にヒヤヒヤしていると、ハンドルをにぎった社長が「山下先生。ほかの学校の先生がたと会われて、どうでしたか?」と話しかけてきた。

「えっ……趣味人が多いみたいですね。他校の先生がたとお話をしたのは初めてだったので、いい刺激を受けました」

私は慎重に言葉を選んで、当たりさわりのない返事をした。

「一般企業で働くサラリーマンとは、ちょっと違うでしょう？　山下先生も気をつけてくださいね。日本語学校にいると、だんだんおかしくなりますから。社交性とか、協調性とかね。普通の社会人とはどこかズレていくんですよ」

冗談をいっているワケでもなさそうな社長の口調に、私は戸惑ってしまった。私も、一般人とはズレた感覚の持ち主である。「社長の目に、私はマトモに映っているのだろうか？」と、引っかかりを覚えた。

「ところで山下先生。先生の血液型は何ですか？」

これまた、唐突な質問だった。

「はっ？　A型ですけれど。日本人にいちばん多い、ありふれた血液型です」と答えたところ、彼は「あぁ、ならば自制心のあるタイプだから大丈夫でしょう」と、不可解なコメントをした。そして、それっきり会話は途絶えた。

新宿で車をおりると、私たちはラブホテル街へと案内された。建ちならぶホテルを指さした社長は、「あれとアレがうちの経営しているホテルです。外国人客を呼び込んでいるんですよ。業務は、私の父と母に任せています」といった。

「今日はね、その両親を住まわせるマンションを探しにきたんです。少しつき合ってくださいね」

答える間もなく、そのホテルの一つへ連れていかれ、フロントにつめていた彼の父母にひき合わされた。父親はスエットとジーパン、母親はベージュのカーディガンをはおっており、二人とも地味なスタイルをしていた。

ホテルを出ると、近所のマンションを2件内覧し、谷川社長は「こんなもんかなぁ」などと、ブツブツつぶやいていた。私は彼の意図がまったくつかめず、「マンションの検分につき合うのって、何か意味があるんですか？」と、タイミングを見計らって田中さんにたずねた。

「あぁ、物件の内覧って、社長の趣味みたいですよ。前にもこういうことがありましたから」

田中さんは何の疑問も抱かぬようで、実にあっけらかんとしていった。

そうやって合点のいかぬまま、社長のいきつけだという駅ビルの定食屋へと移動した。席に着くなり、社長は箸やおしぼりをパッパッと全員に配り、しょう油やソースを、私たちの手の届く場所にずらして置いた。「やけに目端《めはし》の利く人だな」と感心していると、向かいに座った社長は、思い出したように私の経歴をたずねてきた。

舞台演劇や編集の仕事をやっていましたと話したら、「あぁ、それでか！　大した目力だと思っていたんですよ」と大きくうなずいた。それから彼は、自分が美大をめざしていた話などを語ってくれた。それに合わせて私は「中国人の書はやはり面白いですね。康有為《こうゆうい》の字なんて、丸っこいのにビシッとした芯があって、私は好きですよ」といったが、「近現代の中国書道はダメです。日本人のほうが上ですよ」と、社長は不機嫌そうに顔をしかめた。

お開きとなる間際、谷川社長は出し抜けに、「山下先生。西丘の教務主任がやっと見つかりました。紹介してもらうのに100万円もかかりましたけどね。あっ、それと、専任の先生も増やします。申し訳ありませんが、もうちょっとだけ辛抱してくださいね」と早口で告げてきた。

私が食事に誘われたのは、そのことを伝えるためだったらしい。しかし、その話が本当ならば、進学指導の音頭はその教務主任がとるだろう。私は重責から解放されることになる。うれしさと同時に、軽い拍子抜けを味わっていた。

15 反乱——あの先生を変えてほしい

専任教員【せんにんきょういん】 授業を一定時間受け持ち、担当クラスの管理や、生活・進学・就職の指導などもおこなう常勤教員。2校以上をかけ持つことはできない。3年以上の専任経験を積むと、教務主任の資格を得る。

不吉な予感

西丘日本語学園は、午前クラスと午後クラスの2部制であった。夏休み明け時点では、午前部2クラス、午後部1クラスの合計3クラスで運営していた。

1クラスあたりの授業数は1日4コマで、1コマが45分。授業内容は、文字や文法の学習、長文読解、聴解練習、会話、作文などである。

私が担当した授業は、シフト上では週5回の計20コマだったが、実際は週6回から7回の計24コマないし28コマも入っていた。法務省の告示基準では、1教員の担当授業は週あたり25コマが上限で、教員歴が1年未満の場合は20コマまでである。つまり、私は相当こき使われていたのだ。

社長の約束してくれた教務主任は、条件のすり合わせに手間どっているらしく、就任が先延ばしとなっていた。

そんな矢先、「経験豊かな専任教員を採用しました」という連絡が、本部の竹村さんから伝えられた。

「山下先生、来週から専任がそちらにいきます。よろしくお願いします」

「本当ですか？　いやぁ、ありがとうございます。助かりますよ！　それで、その先生はどんなかたですか？」

「教員歴はずいぶんと長いらしいです」

「じゃあ、これからは、その先生が教務主任代わりになりますね？」

「いや、それはどうでしょう？　まぁ、状況が状況なんで……こちらも、あまりゼイタクはいえないかなぁ……と、そんな印象のかたなんです」

「ん？」

「ですので、現場の采配は、今までどおり山下先生にお願いします」

喜んだのもつかの間、竹村さんの奥歯にモノがはさまったようないいかたに、何やら不吉なものを感じていた。

「こりゃダメだなって、一目でわかりました」

新しく入ってきた専任教員は、古川先生という50代半ばの男性だった。海ガメのような目つきをした冴えない風貌で、ヘリウムガスを吸ったみたいなカン高い声をしていた。相手の目を見てしゃべろうとしない人だったから、「学生とコミュニケーションがとれるのかな?」と、私は不信感を抱いた。

事務の田中さんも彼のいないところで、「こりゃダメだなって、一目でわかりました」と、あけすけに本音をうち明けた。そして、事実「こりゃあダメだ!」ということが、日を待たずして判明したのである。

まず、古川先生はパソコンが不得手だった。ケータイも持っていない機械オンチの私がいうのもなんだけれども、彼はマウスのダブルクリックすら満足にできなかった。リズム感がないため、何度教えても「カチカチ」が「カッチ。カッチ」となってしまい、思うようにデータファイルが開けなかったのである。

また、学期テストを作らせると、50点満点の問題を62点とか83点満点にしてしまうというテイタラクだった。試験日ギリギリに完成させるので、私が手直しする余裕もなく、そのまま実施せざるを得なかったが、その中途半端な配点のせいで、成績評価を出す際はずいぶん面倒が生じた。

ほかにも、担任クラスの通知表を作らなかったり、成績データの入力をサボッたりと、その働きぶりは絶望的だった。「成績表は進学先にも提出する重要なものだから、必ず処理しておいてください」と何度注意しても、「今は忙しいので後でやります」といいワケし、結局は放置していた。

忙しいといっている時の彼は、パソコン画面をジッとにらんでいることが多く、ある時「いったい何をやってるんだろう？」と後ろからソッとのぞき込んだところ……あろうことか……そのディスプレイには水着姿のタレント写真が大きく映し出されていた。

「えっ？　ちょっと、何を見てるんですか！」

「はははは。私ね、クマヨウが好きなんですよ。クマダヨウコってグラビアアイドル、ご存じないですかね？」

そういって照れ笑いする彼に、さすがの私も絶句してしまった。

「私たちは、あいつの授業を受けない」

古川先生は、かようにポンコツな教員だったが、いちばん参ったのは、彼が生徒たちから異様に毛嫌いされている点だった。彼は教壇に立つと態度が一転して横柄《おうへい》になるらしく、「あの先生を変えてほしい」という学生の訴えが日に日に増えていったのだ。しかし、ヒラ教員の私には何の権限もなく、しばらくは静観するしかなかった。

それから間もなくして、とうとう2年生の主だった連中が職員ブースに押しかけてきた。

「古川先生を辞めさせせろ！」と騒ぎたてたのである。扇動者は、いわずと知れたルスタムだった。

「私たちは、あいつの授業を受けない。山下先生の授業だけでいい！」

「先生に対して、あいつとは何なの！　失礼でしょう！」

まずは田中さんが矢面に立ち、声を荒げた。

「うるさい、ブス！　大事な話をしている。あっちいけ！」

そのひと言を聞いて、私が立あがった。

「田中さんがブスなら、オメエはバケモンだ！　まずは謝りなさい！」

「……ゴメンなさい。でも、新しい先生はダメです。みんなもイヤだといっている」

「ウソだね。ルスタムさんがイヤなだけだろ？　みんなを巻き添えにするな！」

「違う！　イスラム教はヘンだ、おかしいと、あの先生は何度もいった！　ベトナムのファムさんもバカにされたと怒っている。あいつは、とても悪い言葉を使う先生だ。みんなも嫌っている」

腑に落ちない私は、古川先生のほうをふり返った。古川先生は固い表情でパソコン画面をながめていたが、「古川先生。そんなこと、いったんですか？」と声をかけるなり、「いや、へンだといういいかたはしていません！」とはじかれたように答えた。彼のいい回しに微妙なニュアンスを感じた私は、少し考えてからルスタムに向き直った。

「いいか。バカにされて怒るのは、それを本当のことだと思うからだ。相手が間違っているとわかっていれば、まったく気にならない。違うか？」

「間違いでも、悪い言葉は許せないです！」

「私だって、あなただって、悪い言葉はたくさん使っているじゃないか。だからさ、みんな一緒に反省して、今後は気をつけようぜ」

そういうやいなや、今度はベトナム人学生のファムが、「山下先生は全然ひどくない！」と、いきりたった。ファムのいうところによると、古川先生はベトナム人にやたらと厳しい反面、ガタイのいいウズベキスタン人に対しては見て見ぬフリをするのだそうだ。

「あの人は、山下先生みたいに勇気がない。正しくない先生です」と、ファムは真っ赤になって怒った。

「わかった。古川先生とよく話すから、もう今日はこれで終わりにしよう」

私はお開きとばかりに手を叩いて、連中を追い払おうとした。が、ウズベキスタン人学生のロボフがさらにゴネて、いったんは解散しかけた学生たちの足が止まってしまった。ロボフとルスタムは、「古川先生を教室に入れないと約束しろ！」と、再びしつこく迫った。

「おう、ロボフさん。ずいぶんと興奮してるなぁ。リラックスする必要があるんじゃないの？今ここで、オレと一緒に調息法《ちょうそくほう》をやるか？」

そうにらむと、ロボフは急にヘラヘラと笑い出した。

調息法とは、古流武術における準備・整理体操みたいなもので、息があがった際や心を落ち着かせたい時にする呼吸法の一種である。「一文字腰」というガニまたの腰構えでおこなう。下腹に重ね置いた両手を大きく上へ開きあげながら鼻で息を吸い、そこから両腕を下腹に回し戻しつつ口より息を吐き出す。それをくり返すだけなのだが、留学生にはこれが珍妙と見えるらしく、やって見せるとみな大笑いをした。そして逆にやらせようとすると、とてつもなくイヤがったのである。

「調息法を強要されてはかなわない」とばかりに、ロボフは一目散に逃げ出した。それを機に、ほかの学生らも引きあげていった。

一方、古川先生は微動だにせず、クマヨウの水着姿を無心に眺め続けていた。

16 逃亡——学費や寮費は未回収

在籍管理【ざいせきかんり】 日本語学校は、自校の留学生を管理する責任を負う。不法残留者増加などで、その義務は厳格化されている。規定の出席率を下回る学生や、非進学者の校外試験結果などを報告せねばならない規則がある。

本当にわかってほしい時は、ウソでもいい

本格的な受験シーズンに入ってから、2年生クラスではひんぱんに面接練習をおこなうようになった。ドアのノック、戸の開け閉め、直立、一礼、着席といった一連の入室マナーに始まり、自己紹介や質疑応答、退室などを、くり返し練習したのである。

直立不動……いわゆる「気をつけ」ができない外国人は結構多い。自分を立派にみせたいがためか、仁王立ちとなって胸を反りかえらせて立つ男子学生が目立った。そこでまず足のかかとをつけて立つこと、両手を体側につけること、あごをひいて背筋を伸ばすことなどを一つひとつ教えていった。

「違う！　のけぞらない、うつむいてもダメ。自然に立つ。ニュートラルに立つんだ。サムライの姿勢と同じだ」

しかし、口やかましく指摘するほど、学生らはおちゃらけてしまった。

「真面目にやりなさい！　ペーパーテストがダメでも、面接がよければ合格できるんだぞ」

「先生、本当？」

「そうだ。出席率や授業態度の悪い留学生は、入管のチェックが入る。そういう生徒は、どこの学校もイヤなんだ。だから、真面目な学生かどうかを面接で調べるワケだよ」

「私は勉強がダメですけど、真面目にやるのは上手です」

「じゃ、上手にやってみろ。ハイ、座る時はひざを直角にする。両ひざの間はグー一つあけて、グーにした両手は太ももの上にのせる。女の人は両足をくっつけて、両手はももの上に重ねてのせる。面接の時はスーツを着るんだぞ。Tシャツやサンダルはダメだ。髪の毛は短くして、ヒゲもキレイにそりなさい」

スリランカ人のアディルは、最後のひと言を聞いて、「私、イヤ。ヒゲを切りたくないです」と、顔をしかめた。

「アディルさん。あなたは筆記テストが悪いんだから、面接が100点じゃないと、どこへも入れないぞ。ヒゲは必ずそりなさい」

「どうしてヒゲ、ダメですか？　ヒゲは男の証拠です。あったほうがいいね」

「江戸時代、えらいサムライはみんなヒゲをそったんだ。だから日本人は、ヒゲが伸びている人を見ると、仕事がないのかな？　ドロボウなのかな？　悪いことをする留学生なのかな？って疑うんだ。わかったか？」

それを聞いたウズベキスタン学生らは、「そのとおり。そのとおり」とはやしたてて笑った。ただし、そういう彼らも無精ヒゲを伸ばし放題であった。

肝心の質疑応答練習では、まず「西丘日本語学園」という校名と、各人が志望する専門学校の名称を入念に暗記させた。ほぼ全員が、自分の通っている日本語学校の名前すら、正しくいえなかったからである。

「先生、西丘日本語学園って名前は長いよ。半分くらいにしてください」

「バカヤロウ！　名前ってのはな、それを呼ぶ人たち全員のものなんだ。テメェの都合で変えられるか！　つべこべいわずにおぼえなさい」

また、志望動機については「異性へのプロポーズ」を例にして、重点的にレクチャーした。

「『何でこの学校に入りたいんですか？』と聞かれたら、『家から近いからです』なんて答えちゃダメだぞ。好きな女の子に『何で私が好きなの？』といわれて、『近くにいたから』なんて返事をしたら嫌われるだろう？　『君は世界でいちばんステキだからさ』とか『あなたより美しい人はいないからだよ』って、相手の喜ぶことをいわなきゃダメだ。専門学校の面接もそれと同じだぜ。『学校見学の時、先生がたが親切で感激しました』とか『御校の就職サポートはとても丁寧で安心できます』とか、ウソでもいいからたくさんホメるんだ」

するとブーミンが「わかりました！」と手をあげ、「でも、本当にウソでもいいんですか？」と、うれしそうに叫んだ。

ヨコハマの センモンガコウ 行きたいです
そのセンモン ガコウは とてもいいです
ふむ!!
して その学校の名前は？
え？
センモン ガコウです!!
それは わかった
その専門 学校の名前は？
え？
センモン ガコウです!!
なるほど …
では 今いるこの 学校の名前は？
え？
ニホンゴ ガコウ です!!
やはりな…

「いい。ホメるところが見つからなきゃ、ウソでもいいよ。本当にわかってほしい相手には、ウソをいってもいいんだ。『ウソも方便』って言葉があるんだぜ」

このひと言はアッという間に学校中に広まり、「ウソでもいい！」は学生たちの流行語になってしまった。でまかせやごまかしがバレるなり、「ウソでもいい。ウソも方便です！」などと開き直る学生が急増したのである。

「山下先生はいいました。本当にわかってほしい時は、ウソでもいい……これは素晴らしいアイデアです！　日本に来て、いちばん感動した言葉です」

いつもはクールなボルタエフでさえ、そういってはしゃぐ始末だった。私は「余計なことをいっちゃったなぁ」とほぞをかんだが、後の祭りであった。

スリランカの乱ですよ！

ところで、宅配の荷分けアルバイトにいそしむスリランカ人学生らは、よく腰痛を訴えてきた。長時間の立ち仕事や、重い荷物をひっきりなしに運ぶ作業が原因だった。

そこで私は、手のあいた休み時間に簡単な指圧をしてやっていた。自分自身も体が固いので、こわばりやすいポイントは心得ているし、整体術に詳しい道場門下生からあんまを教わったりもしていたうえ、毎晩妻をマッサージするので、ずいぶん手慣れていたのである。

腰の痛みをやわらげたい時は、太ももをほぐすといい。また、首まわりを楽にしたい場合は、股関節をゆるめるのが効果的だ……といった私の見立ては、受診料を惜しんで通院しない学生たちからそこその信頼を得ていた。

スリランカ人学生のアガシが、酔っぱらって左足を痛めたのは、受験シーズンに突入して間もないころだった。ミュージシャンのプリンスに似た彼は、片足けんけんをしながら登校してきた。泥酔して公園の遊具から飛びおりた際に足首をひねったという話で、体重をかけただけでも激痛が走るらしかった。

私が見たところ、骨に異常はないようだが、じん帯を傷つけている可能性があった。じん帯のケガは、骨折よりも厄介だったりする。とりあえず、持っていたぬり薬を手渡し、「病院へいくように」と重ねてアドバイスした。が、彼は、そのまま放ったらかしてしまった。

案の定、炎症をこじらせ、アガシはアルバイトに行けなくなった。やがて学費や寮費の支払いがとどこおり、進学も絶望的となってしまった。

ほどなくして彼は「就職するか、日本人と結婚してビザをとります」などと、ノンキなことをいい出した。しかし、就職ビザの取得は、母国で大学を卒業していないと困難だし、国際結婚だって、そう簡単には相手が見つからないだろう。ちなみにこの年は、単純労働者を受け入れる「特定技能」のビザ交付がまだ始まっていなかった。

「大丈夫。私は日本人の彼女がいる。彼女と結婚するよ」

そんな調子のいい言葉を残し、彼は突如、学校から姿を消してしまった。

アガシのその後が知れたのは、田中さんがたまたまアクセスしたソーシャル・ネットワーキングサービスだった。

「アガシ、本当に日本人と結婚したみたいですよ！」

素っとん狂な声をあげた田中さんに見せてもらったケータイ画面には、サングラスをかけたアガシと若い女性のスナップ写真があった。肩を組んだり、だらしなくほおを寄せ合う画像が、何十枚も公開されていた。

コメントを詳しく読んだ田中さんによると、彼は茨城県在住の女性と入籍し、身内を集めた披露宴もすでに済ませたらしい。

「あのヤロウ……やるなぁ」

私は思わず感心してしまったが、事務長の金さんは腹の虫がおさまらない様子だった。アガシの学費や寮費は未回収のままであり、彼の居場所はつかめぬままだったからだ。

「山下先生。これは、スリランカの乱ですよ！　そうでしょ？　アガシは許せませんよ！」

金さんは怒号をあげて、何べんもコブシをふり回した。

「まぁ、左足はよくなったみたいですね」と、私は苦笑するしかなかった。

17 主任——普通の学校だったらセクハラですよ

教案【きょうあん】 授業計画書のこと。使用する教材や教具を明らかにしたうえで、学習項目、板書メモ、講義に要する時間配分、学生の質問例やそれに対する教員の回答例、宿題範囲などを整理しておく。学習指導案とも呼ぶ。

それで本当にやっていけるの?

10月に入学してきた新入生は、ほどんどが中国人だった。中国人でない生徒は、新聞奨学生のベトナム人学生2人のみ。その結果、西丘日本語学園は2クラスを増設し、合計5クラスの総勢100人を超える所帯へと急成長した。

なお、新入生が入学してくる直前になって、ようやく教務主任の伊藤先生が着任してきた。彼女は色素沈着のある浅黒い肌をしていたが、顔だちはすこぶる整った熟女だった。「今でも時たま六本木にくり出して遊ぶ」と豪語するバブル世代の人で、浅黒い肌は趣味のサーフィンによる日焼けが原因のようだ。

彼女の母親もまた日本語学校の仕事をしていたらしく、この業界にはずいぶん詳しいとの話だった。ただし、シングルマザーの伊藤先生は、朝10時の出勤、仕事あがりは夕方4時という、かなり短い労働時間で雇用契約を結んでいた。娘の面倒を見る都合上、その条件は絶対に譲れないというのだ。

さらに「ずっと事務畑にいたため、教壇に立つのは原則NG」との希望も曲げず、現場サイドとしてはいささか頼りない教務主任だった。しかも、ほかのグループ校もかけ持つ予定で、当分は週に2、3日しか顔を出さないと聞かされていた。

授業に入らぬ教員が、学生やクラスの状況を掌握するのは、実に厳しいものがある。また、進学相談は放課後に集中しておこなうので、毎日早あがりというのも困りものだった。私は「それで本当にやっていけるの?」と疑問だったけれど、美人と机を並べられるのは気分のいいことなので、「まぁ、どうにかなるだろう」と、あまり深く考えないことにした。

ところで、伊藤先生が着任する少し前、林さんという若い事務員も配属されてきた。彼女は小学生みたいに小柄な女性で、第一印象は相当に地味だった。ところが、仕事ぶりはそつがなく、ずいぶんと有能であることが徐々にわかった。

こうして女性職員がにわかに増えたのだが、この職場の女性率上昇は、私の仕事にも微妙な影響を与えたのだった。

普通の学校だったら、絶対にセクハラです

伊藤先生が着任したころ、学生の間で「山下先生は中国人らしい」というウワサが広まっていた。学校経営者が中国人であることと、日本人にしてはパワフル過ぎる私の挙動から、そんなウソっぱちが拡散したようだ。

「先生、本当は中国人なんでしょう?」

その日も、おしゃべり好きなバヴァンが出し抜けに声をかけてきた。

「何でだよ? 私は、間違いなくメイド・イン・ジャパンだぜ。父親も母親もジャパニーズ、つまり純正品だよ。中国語は、ニイハオとサイチェンくらいしか知らない。ただし、ギョウザは大好きだ。安心しろ、日本語は得意だよ」

そう改めて断言すると、大半の学生は納得したようだったが、バヴァンの追及はそこで終わらなかった。

「じゃあ、山下先生。何で日本人のチンポは小さいんですか?」

「はぁ? 全然関係ねぇだろ。そもそもな、日本人のは小さくないんだぞ。いつもはカワイイけれど、膨張率がものすごいんだ」

「ボウチョウリツ? 何ですか、それ」

「スモールサイズからビッグサイズにチェンジするパーセンテージのことだ。〈ぼっき〉とも

いうな」

そういいながら、私はホワイトボードに「勃起」と板書した。

「おお、ボッキね。知っています。先生のボッキ、どのくらいですか？」

私は「うはははは」と高笑いし、にぎったコブシを突き出しつつ、肘から先を指さした。

「ウソッ、大きい！　じゃあ、チンポ見せて、先生！」

バヴァン以外の学生らも火がついたように騒ぎ出した。スリランカ人の多い午後クラスは、下ネタのめっぽう好きな連中ばかりが集まっていたのだ。

「簡単には見せない。サムライが刀を見せるのは、相手を斬る時だけだ。そして、チンポを見せるのはオシッコとセックスの時だけだ」

「じゃあ、先生、オシッコして！」

「バカヤロウ、授業中だ」

さらに、チンポの語源などを説明してやって、ようやく講義の本題へと入ることができた。不真面目のように思われるかも知れないが、集中力の低い彼らをひき込むには、こうしたワイ談が毎度重要な導入になっていたのだ。

ところが授業後、私は伊藤先生から厳重注意を食らってしまった。

「山下先生。お声が丸聞こえですよ。あのクラス、ベトナム人の女の子も一人いましたよね？

ここには、田中さんや林さんみたいな若い女性もいらっしゃるんですし……あんな大声で、あんなお話、困りますよ。普通の学校だったら、絶対にセクハラです」

「えっ、セクハラ!」

思いがけない言葉に、私は気が動転してしまった。品がないという自覚はあったけれど、セクハラ呼ばわりされたのは初めてだったのだ。私は真っ赤になって弁解した。

「でも、女子学生のトーさんはいつも居眠りしていますし……むろん、反省はしていますよ。しかし、外にまで筒抜けとは……本当にすいませんでした」

そういって頭をさげながら、「オレはさっき、チンポという言葉を何回いっただろう?」と、胸のうちで何度も数え直していた。

どうぞお好きになさってください

その後、残念ながら、伊藤先生との関係は急激に悪化していった。

事の発端は、学生が使用するテキスト選びであった。伊藤先生は「全クラスの教科書を同じにするべきだ」と私に提案してきたのである。

「そのほうが発注は楽だし、授業スケジュールや教案、テストの作成も一本化できて手間が省けます」とのことだったが、私はとうてい賛成しかねた。「カリキュラムを統一すれば管理しやすくなる」という意見には一理あったけれど、それは現場を無視した空論というものだった。非漢字圏のウズベキスタン人、スリランカ人、ベトナム人、ネパール人が集まるクラスと、中国人中心のクラスでは、習得速度がまるで違う。これをひとくくりに扱えば、脱落者が続出するのは目に見えていた。

「伊藤先生、そりゃあ、無理ですよ。学生たちがかわいそうです」

私がそういうと、伊藤先生は「クラスごとに教科書やカリキュラムを変えるのは、入管の指導からも外れるんですよ」と、思いがけぬ指摘を加えてきた。

「えっ、教科書やカリキュラムが全クラス同じじゃないと、入管のチェックに引っかかるんですか?」

そんな話は初耳だったから、私は目を見開いて聞き返した。だが、伊藤先生はそれに答えず、「ちょっとゴメンなさい」といって昼休憩に出かけてしまった。私はますます気にかかり、近くにいた金さんにその点をたずねてみた。

「知りましぇんねぇ。それ、伊藤先生の思い違いじゃないですか?」

金さんの返事はぞんざいで、あまり頼りになりそうもなかった。そこで、本部の竹村さんへ電話をかけて、アドバイスを求めることにした。

「何です、そりゃあ? ウソですよ。入管はそんなことまでチェックしませんよ」

「えっ、ウソ?!　そうすると、教科書は今までどおり、クラス別に定めても問題はないんですね?」

「ほかのグループ校もそうしていますし、どこの学校だってそうですよ。だいたいね、そんなことにまで口を出すほど、入管はヒマじゃありませんって」

竹村さんは、なぜか伊藤先生を嫌っており、彼女の話となると妙に口調がトゲトゲしくなった。

「助かりました。お忙しいところ、ありがとうございます」

そういって受話器を置いた直後、こちらをジッとにらんで立っている伊藤先生に気づいた。いつからいたのかは知らないが、息がつまるほど恐ろしい形相をして、彼女は職員ブースの入口にたたずんでいたのだった。

伊藤先生はそのまま黙って自席につくなり、いきなり持っていたカバンを目の前の机に叩きつけた。ビックリしている私をよそに、荒っぽく机のひき出しをガシャガシャと開け閉めし、さらにもう一度机の上にカバンを力任せに投げつけた。

職員ブースの空気は一瞬にして凍りつき、グミをゴニョゴニョとかんでいた金さんもソシャクをピタッとやめた。

伊藤先生はちょっと気どった感じのセレブ風マダムだったが、感情を害するとヒートアップする一面があったのだ。

ワオキツネザルのような目で注視していた金さんが、ゆっくりとグミを飲み込む「ゴクッ」という音が、やけにハッキリと聞こえてきた。

「山下先生……教科書の件、どうぞお好きになさってください」

押し殺した伊藤先生のふるえ声に、ただ「はい」とだけ返事した。私は年甲斐もなく、本気でビビっていたのである。

土曜日。道場で十手《じって》を稽古した。十手とは刀を引っかけるカギのついた短棒である。上段構えから斬り込んできた相手の中太刀を受け流すコツを指導していた。受け流しで大切なのは、限りなく受けぬことだ。そのためには、ひざがつくまで身を低めて斬撃をいなす。

それに先立ち、相手の足元へと大きく間をつめることも肝要だ。刀を持った相手に体当たりするような心持ちで接近し、間合いに入るやいなや、俊敏に低姿勢となって直撃を避けるのである。そこから、フワリとカギをからめて刀を押さえるのだ。

この硬軟入り混じった身のこなしこそが、十手術のだいご味である。

十手・十一本目

18 恋仲——にわかに校内恋愛が盛んに？

国字【こくじ】 中国以外の国で作られた漢字。日本の国字は和字とも呼び、「畑」「辻」「峠」などがある。なお「雫」のように国字なのか、あるいは中国で作られたが日本にだけ残った文字なのかが判明しない漢字もある。

こりゃあ、手を焼きそうだぞ

西丘日本語学園には、ウズベキスタン、ベトナム、スリランカ、ネパール、中国の合計5か国から留学生が集まっていた。当初はウズベキスタン人学生が中心だったが、この年の10月生以降、中国人学生の割合が激増していた。

その理由の一つは、スリランカ人やネパール人の留学ビザが交付されづらくなったことにあった。違法労働や不法滞在といった犯罪率の上昇が関係しているとのウワサだった。また、急速な経済成長をとげた中国には成金が多く、その子弟からは学費の取りはぐれが少なかったため、グループの方針として、学生募集の主軸を中国へと移していった影響も大きかった。

実際、入学してきた中国人留学生には、アルバイトをせずに親からの仕送りだけで生活している者が結構いた。そういう学生らは、日本語学校のみならず、留学生向けの進学予備校にも通っているとのことだった。

中国人学生の立ち居振る舞いはおとなしく、のっけから日本語力も高かったが、開けっぴろげなスリランカ人などに比べると、神経質でとっつきにくい側面もあった。総じてひっ込み思案だったけれど、いきすぎた学歴社会や、バブル経済が生んだ拝金主義の影響からか、ブランド志向が強く、財力のみに幸せを求めるような即物的価値観を持つ生徒が目についた。

「ちょっと見は従順だけれど……こりゃあ、手を焼きそうだぞ」

私はそう直感し、ひそかに警戒心を抱いていた。

中国人も漢字は苦手？

中国人の場合、最初から漢字が読めるので、非漢字圏の学生に比べると語彙を習得するのが格段に早い。しかし、台湾や香港をのぞき、中国本土では「簡体字」という簡略化した漢字を使用しているため、日本の漢字が書けない者が少なくなかった。また、和製漢字である「榊《さかき》」などの国字も、知らないことが多いようだった。ちなみに、畑、峠、辻、塀、込なども国字である。

加えて、日本と中国ではニュアンスの異なる漢語がたくさんあり、これらも一つひとつ確認させる必要があった。たとえば、「材料」という言葉には、中国だと「資料」とか「データ」の意味も含まれるのだ。

なお、中国人留学生の会話力は、得てして非漢字圏学生よりもふるわなかった。中国人は「か」と「が」の聞き分けや、「ら・り・る・れ・ろ」と「な・に・ぬ・ね・の」の発声を区別するのが苦手で、いつまでもマスターできない生徒がいた。

彼らを教えることで、「清音が音韻の基本であり、この清音を崩した音が濁音である」との感覚は、日本人独特のものだと気づいた。「か・き・く・け・こ」がキレイな音であって、「が・ぎ・ぐ・げ・ご」が汚い音だといった体系は、「清浄と不浄」に重きをおく神道にも通じる観念なのだが……むろん、入国間もない留学生を相手にそこまでの解説はできない。それゆえに、このニュアンスをたたき込むのは、意外と難儀であった。

また、日本語のら行は、舌を強くはじいて発声する「弾音」なので、巻き舌を使う英語の「R」に比べると、これまた少々特殊な発声である。「ら」の発音が上手くできない学生を教える時は、舌打ちをしながら「あ」をいわせる練習が効果的だと発見するまでにも、かなりの時間を要した。

「中国人と日本人の顔は変わらない。だから、話すのがヘタだと変に思われるぞ。読む、書くだけじゃダメだ。日本で暮らすなら、会話力も身につけなさい！」

こんな苦言を呈すると、プライドの高い中国人女子学生たちは一斉にそっぽを向いた。特に、入学直後のプレイスメントテストで満点近くをとった社長令嬢のシュは気難しく、遅刻を注意しただけでもつむじを曲げる強情っ張りだった。

「年ごろの娘を持つ父親って、こんな気分なのかな？」と、毎度ぐんなりしたが、私は相手が女性でも決して手をゆるめなかった。

女性どうしのとっ組み合い

日本語教員の養成課程では、最初に「語彙コントロールを心がけるように」と教わる。語彙コントロールとは、「レッスンの際、まだ教えていない単語や文法を使ってはいけない」という、教授法のイロハだ。

それに従えば、新入生の授業は、身ぶり手ぶり、絵カードで進めるのが妥当である。しかし、そういう講義は、学生たちを退屈させてしまいがちだった。

そもそも留学生は、母国で150時間以上の日本語学習を積むか、それ相応の日本語力を証明して来日するルールになっている。裏を返せば、「日本語がまったくわからない留学生はいない」というのが建前なのだ。だから、語彙コントロールにこだわりすぎた講義に、「私たちは幼稚園児じゃないぞ!」と不快をあらわにする学生も出てくるワケだ。

「150時間どころか1秒たりとも日本語を勉強していないだろう」とおぼしき生徒もいたけれど、級友からの助け舟が飛び交うので、彼らにしても語彙コントロールをゆるめた授業はさほど不具合がないようだった。

ともあれ、この「助け舟」がキッカケとなり、男女の仲が急速に深まるケースもあった。10月生は女子生徒が多かったためか、にわかに校内恋愛が盛んになった。が、その分、破局も早いようだった。

ランとフは、同期入学の中国人学生で、本国からすでに交際していた熱愛カップルだった。教室の最後列に陣どり、他生徒とは没交渉の姿勢を貫いて、絶えずイチャイチャしていた。女性のランはかなり内気と見えたが、彼氏のフには威張り散らしているらしく、田中さんスクープによれば、ランのカンシャクに耐えかねたフが、学生寮の階段で泣きじゃくっていたこともあったという。

そんなランとフが、ある時期をさかいに、中国人女子グループと小競り合いをするようになってしまった。理由はまったく不明だったが、その確執は深く、とうとう授業中に大ゲンカをおっぱじめるまでに発展した。中国人女子どうしのケンカはアグレッシブで、人目をはばからずののしり合ったり、往々にして髪や服のひっぱり合いもおこった。

ランと直接対決したのは、ソウというおかっぱ頭の女子生徒だった。

ソウは五月人形のごとき東洋顔をしたボーイッシュな生徒で、「ナルト」という忍者アニメの大ファンだった。何を考えているのかわからない黒目がちの大きな瞳と、ロボットみたいな硬いしゃべりかたが、私はひそかに気に入っていた。後楽園でもらったナルトのクリアファイルを彼女にプレゼントした際は、「先生、これ、ナルトじゃない。息子のボルトです」と、無表情に突き返されたこともあった。「中国の女性は愛想笑いをしない」と聞いたことがあるが、ソウのぶっきら棒さは飛びぬけていた。彼女は、ナルトというより、忍者ハットリくんによく似た超然としたムードがあった。

そんな彼女が感情をあらわにして、ランととっ組み合いをしていると報告を受けた時は、本当にたまげてしまった。

「コラッ。何やってんだ。授業中だろう！」

もみ合うソウとランを一喝すると、二人のひっつかみ合いはすぐに収まったが、両者は悪びれることなくにらみ続けていた。女性どうしのいざこざということもあり、後処理は田中さんに任せたのだけれど……火ダネは完全に消えなかったらしい。その晩、寮内で彼女らのトラブルが再燃してしまった。

マズいことに、ランの彼氏であるフが加勢してソウを突き倒してしまい、これがちょっとした問題となった。突き飛ばされたソウが頭を壁にぶつけたとかで、それを聞いた金さんが大興奮したのである。金さんは、ソウに頭部のＣＴスキャンを撮らせ、その診断書をふり回しながら、私にフの除籍を打診してきた。

「男が女に暴力をふるう。これはとんでもないことでしゅよ！　山下先生、違いますか？　フさんは除籍にするべきです！」

「金さん、待ってください。ケガってほどのケガじゃないし、退学にするまでもないでしょう。まっ、ちょっと落ち着きませんか」

金さんの血相に閉口しながらも、私はなだめ役に徹することにした。

「フさんは、ガールフレンドにも泣かされてしまうような気の弱い学生です。ソウさんに手を出したっていっても、たかが知れていますよ。勢い余っただけの事故でしょう。厳重注意ってことで、いいんじゃないですか？」

「山下先生！　では、フさんには反省文を書いてもらいましょう！　そして、ソウさんのＣＴ代とか診察料とかね、それはじぇんぶ彼に負担してもらう。それでよろしいですか！」

「えぇ。結構だと思います」

私の返事を待たずに、金さんは自分のパソコンへと向かい、ふんまんやるかたないといった表情でフに渡す請求書を作り始めた。

19 暴言――仕事しない職員は給料ドロボウだ

パワーハラスメント【ぱわーはらすめんと】職場における嫌がらせ。上位者が下位者に業務範囲を超えた精神的・身体的苦痛を与えること。ただし、過剰なパワハラ意識は「被害妄想」と呼ぶべき逆恨みであろう。

「あの先生はどうぶちゅです！」

タレントの水着姿にうつつを抜かす古川先生や、美人だけれど気ぐらいの高い伊藤先生に対して、私は没交渉となりつつあった。

古川先生は、自分が嫌う学生のいるクラスに入ることを断固拒否していたし、伊藤先生は私との意見対立があって以来、主任としてのイニシアチブを投げ出してしまっていた。私は、そんな彼らと目を合わさぬようにして、職務にうち込んでいたけれど、当然ながらフラストレーションはたまる一方だった。

さらに、古株である中原先生と私の溝も、抜き差しならないくらいに深まっていた。中原先生はウワサ以上にチャランポランな人で、教室に入ってもほとんど講義をせず、弁当を食べたり、居眠りをしたり、ケータイで遊んだりと、やりたい放題だった。幾度となく注意をうながしたものの、反省の色はなく、生徒からの苦情も絶えることがなかった。

中原先生の居眠り動画を学生から突きつけられたのを機に、「いい加減、何とかしないとマズいですよ」と、伊藤先生に訴えた。彼女はとりあえず中原先生を呼び出したが、「居眠りは芝居です。学生たちの反応を調べたんですよ」という愚にもつかない彼の釈明をスンナリと聞き入れてしまった。伊藤先生は面倒ごとに関わりたくない様子で、「あのかたはベテランでいらっしゃるし、後はお任せするしかありませんね」といい捨て、それ以上の追及をしなかったのだ。

ところで、中原先生をもっとも嫌悪した学生が、ギエムという1年生だった。

「食べたい時に食べる。寝たい時に寝る。あの中原先生は、人間じゃありません。イヌです。ネコです。どうぶちゅです！」

彼は何度も、教務ブースでそうグチった。

なお、ギエムはクラスの成績上位者ながらも「つ」の発音がヘタで、「ちゅ」になってしまうクセがいつまでも抜けなかった。「つ」は、ローマ字表記にすると「t」と「u」の間に「s」が入るやや変則的なタ行音であり、ギエムのようなベトナム人学生には発音が難しいのだ。

「何がどうぶちゅよ！　ギエムさんだって、よく居眠りをしてるじゃない！」

田中さんは彼の抗議を一蹴したが、私はそれを情けない気持ちで聞いていた。

たとえば、タクシーで乗客が眠ったら、運転手の居眠りも許されるだろうか？　いや、大問題だろう。同様に、学生がどうであれ、教師が授業中に居眠りしていいはずがないのだ。ただし、それは口にせず、さりげなくギエムに声をかけた。

「イヌやネコもガマンをするんだぜ。必ずしも、人間のほうが行儀いいとは限らないよ。それとさ、『どうぶちゅ』じゃなくて『どうぶつ』だぞ。『つ』は、上の歯の裏に舌をつけたままいうんだ。何回も教えたよな？」

それを聞いたギエムは、「だはははは」と照れ笑いを浮かべて、教室へと戻っていった。

「もらった給料を学生に返しなさいよ」

中原先生の傍若無人さは、さらにエスカレートしていった。

彼はその日も教壇に立とうとせず、講師用テーブルの前でダラダラと時間をつぶしていた。

ついに私は、教室へ入るようにと厳しく伝えた。中原先生は一瞬ムッとした表情を浮かべたが、背中を丸め、黙って教室に入っていった。

しかし、その後しばらくして、「メガネ先生が居眠りをしています」と学生が報告してきたため、私は意を決し、中原先生を教室の外へと連れ出した。

「アンタ、給料をもらってここにいるんだよな？　それなのに、何で仕事をしないんですか？　どう考えてもおかしいでしょう」

「いやね。ここの学生、オレの授業なんざ、聞きやしないんだよ。やってもムダなんだよね。わかるだろう？　山下さん」

気安く笑いかける彼に、私は無性に腹がたった。

「学生が授業を聞かないのは、アンタの能力不足じゃないですか？　そう考えりゃあ、ムダなのは、中原先生自身ですよ。授業しねえってんなら、もらった給料を学生に返しなさいよ。それがスジってもんでしょう」

私は、べらんめえ口調になって彼をにらんだ。すると、「じゃあさ、あとは山下さんに任せるよ」といって、中原先生はプイと顔をそむけてしまった。

「へぇ、気楽なご身分ですね。そうはなりたかねぇけどさ。大したもんだわ」

そういって私は、彼が放り出したクラスへズカズカと入っていった。

「オイ、勉強するぞ！　安くねぇ授業料をとりかえせ！　寝てんじゃないよ！」

「ウフフフフ……山下先生。メガネ先生とケンカしたの？」

ウズベキスタン人学生らは、私と中原先生のやり取りに耳をすましていたらしく、ワクワクした顔でのぞき込んできた。

「うるせぇ！　教科書を開きなさい。オメェらは、ナメられてるんだぜ。悔しくねぇのか！」

そう叫ぶ私自身が、なぜか悔しくてたまらなかった。


その日の放課後、貧乏ゆすりをする金さんに、私はながながと説教されていた。

「先生同士でのケンカは困りましゅよ。山下先生、仲よくやってくださいね」

「仲がいい、悪いの問題じゃないでしょう？　あのオヤジ、ずっと放ったらかしじゃないですか。これで本当にいいんですかね？」

私は納得できず、噛みつくようにいい返した。

「もちろん、よくないですよ。でも、あの人は社長と仲がいいからね。あなたに罵倒されたと、早速社長に電話を入れたらしいよ。中原先生はそういうところ、実にシッカリしているからね。本当に気をつけないとダメでっしゅ！」

金さんは声をひそめて、人差し指をビシッと突きたてた。いわれるまでもなく、社長と中原先生が、持ちつ持たれつなのは知っていた。中原先生は名義上、グループ校の校長や教務主任を兼任しており、なかなか処罰できないという内情があったのだ。「とはいえ、それとこれとは話が別でしょう！」といいかけた矢先、本部の竹村さんから電話がかかってきた。

「山下先生、中原先生に暴言を吐いたという話は事実ですか？」

竹村さんらしからぬ語気の強さに、ちょっと驚いた。それだけ、今回の件は波紋を呼んでいるのだろう。だが、そんなことよりも、彼の「暴言」といういい回しが聞き捨てならなかった。

「暴言というのは、『仕事しない職員は給料ドロボウだ』って指摘したことですか？　でも、それ、社会常識でしょう？」

私は、またもや食いさがった。竹村さんは少し黙っていたが、やがて言葉を選ぶようにゆっくりとしゃべり出した。

「山下先生、ダメですよ。あのですね、先生の熱意はわかるんです。しかし、ほうぼうから『山下先生はパワハラが過ぎる』って声もあがっているんですよ」

「えっ、パワハラ？」

「周囲の先生に対する言葉づかいがよくないとか、配慮が足りないといった……まぁ、そういう苦情です。ご存じないですか？」

「まさか……それって……伊藤先生や古川先生の話ですか？　だとしたら、配慮が足りないのはあの二人のほうですよ！　自分の仕事ぶりを棚にあげて、何がパワハラですか？　冗談じゃない！」

みっともないとは思ったが、「彼らの肩代わりで忙しく、昼食もとれないのだ！」といった不満を洗いざらいぶちまけた。もう我慢の限界だった。しかし、竹村さんは「まぁ、まぁ」と

さえぎり、さらに落ち着いた口調でとりなした。
「ですからね、山下先生のご苦労は重々承知してるんです。しかし言葉は、くれぐれも慎んでくださいよ。理由はともあれ、口に出してしまったほうが悪者になるんです。いいですか?」
このひと言で、職場の人間関係が、改めて重苦しくのしかかってきた。田中さんしか正社員のいなかった半年前には、予想だにせぬうとましさだった。

20 切腹——恥ずかしくねぇのか。腹を切れ！

外国人留学生入学試験【がいこくじんりゅうがくせいにゅうがくしけん】 外国人であることを配慮した入試。一般、推薦、AOなどがある。出願の際は、日本語学校の出席率や卒業見込み、学内外の試験結果などが求められる。

「出入り禁止になっちまったよ！」

職場での孤立にめげた私は、別の学校への転職も考え始めた。学生と接している間は迷いが吹っ飛び、仕事に没頭できたのだが、教務ブースに戻ると気分がふさぎ、頭の中が真っ白になることが増えたからだ。しかし、願書指導に取られる時間が倍増しており、悠長に悩んでもいられなかった。学生が受験校に提出する書類の記入を手伝ったり、推薦書を作成したりといった授業外の業務が、やたら多くなっていたのだ。

書類のチェックは伊藤先生がフォローしてくれたが、志望理由文の書き方などは、ほとんど私一人で対応していた。一行たりとも文章が書けない学生の場合、こちらで用意した草稿を丸写しさせるのが手っ取り早かったため、私は毎日のように作文をひねり出していた。

なお、推薦文を書くにあたっては、ライター時代につちかった文章力が非常に役立った。ホメどころの少ない商品や人物を「ウソにならない範囲で賛美する」という表現力は、下っ端記者に必要不可欠である。その要領が、とりえのない学生らを粉飾するのにも有効だったのだ。授業中に私語の多い生徒を「積極的に発言する学生」といい改めたり、居眠りばかりしている生徒を「周囲に流されないマイペースな学生」といい変えたりしたワケだ。

しかし、どんなにお手盛りをしようと、仮名文字すら読めぬ成績不良者たちは、不合格をくり返した。少子化に苦しむ大学や専門学校は、留学生のとり込みに積極的なのだが、それでも最低ラインというものがあった。

そこで、読み書きが絶望的な学生たちは、「早期出願」や「単願」の条件と引き換えに思い切った手心を加えてくれる「AO入試」に送り込むことにした。AO入試とは、論文や面接を重視する入学試験で、実質的には面接だけで合否を決定する学校もある。

「自動車整備の学校へ行きたい」というスリランカ人学生4人も、千葉県にある自動車学校をAO受験させる手はずだった。中国人留学生が日本に興味を抱くキッカケはたいてい「アニメ」であり、ウズベキスタン人は「コンビニエンスストア」、スリランカ人男子の場合は圧倒的に「日本車」が多く、自動車整備士になりたいという連中は、毎年数人出てくるのだ。整備士は、就労ビザの取得に有利な職種なので、私はできるだけ彼らの希望に沿ってやりたかった。

そんな気持ちで手を尽くしてやったAO入試だったが、スリランカ人学生らはその段取りをご破算にしてしまった。試験前日、景気づけの飲み会で受験料1万5千円を使ってしまい、会場には足を運ばなかったというのだ。

「大バカヤロウ！　何を考えてんだよ……クソッ！」

私はあたふたと専門学校へ電話し、ひたすら平身低頭した。というのも、その入試は、アルバイトで忙しい学生4人の都合に合わせて準備された特別試験だったからである。案の定、先方は私の監督不行き届きを痛烈に批判した。

「先生、ごめんなさい。でも、学校はほかにもあります。気にしないでね」

「ボケナス！　オマエらなんぞ、もう知るか。それより、うちの学校が出入り禁止になっちまったよ！　どうしてくれんだ？」

私が目をむくと、4人の学生はクモの子を散らすようにパッと逃げ去った。

「まぁ、ここの生徒はそんなもんでしょう」

経験豊富な教員は、大学や専門学校に独自のツテを持っているものだ。伊藤先生にも、そういう底力があった。彼女は横浜の専門学校へ手を回し、箸にも棒にもかからぬウズベキスタンの学生数人を、形ばかりの試験を受ければ合格できるようにしてくれた。

しかし、またしても目を覆いたくなるようなトラブルが発生したのである。私に殴りかかったことのあるトムニコフが、カンニングをおこない、それが発覚したのだ。非常にあからさまな不正行為だったらしく、その様子は試験監督のみならず、学長を含めた職員全員が会場の小窓から確認したとの話だった。

「まぁ、ここの生徒はそんなもんでしょう」

そういう伊藤先生の冷笑に私はイライラしたが、さすがに何もいい返せず、すぐさまトムニコフを呼びつけた。

「アホタレ！　何やってんだよ！　何度も、何度も、ルールを守れ。そう教えただろう？」

トムニコフはうすら笑いを浮かべていたが、心なしか大きな体を丸めて「ごめんなさい、先生」と消え入るような声でつぶやいた。

「オレに謝るんじゃねぇ！　学校を紹介してくれた伊藤先生に謝れ！　今後、門前払いされる後輩たちに謝れ！　そんで、テメェ自身の将来にも謝れ！」

すると彼に付き添ってきたルスタムが、非難がましく口をはさんだ。

「トムニコフは勉強ができない。だから、答えをコピーするのは当たり前です」

「オマエら、留学生だろう？　『勉強ができない』じゃ済まされねぇんだよ！　それにな、日本ではカンニングして100点をとるよりも、ルールを守って0点をとるほうが偉いんだぞ。そのことも、死ぬほどいっただろう?」

「先生、それはウソです。0点でもいいなら、テストをやる意味がない」

「バカヤロウ! そこまでいうなら、バレねぇようにやれよ。恥ずかしくねぇのか!」

私は興奮のあまり「腹を切れ!」と、トムニコフの太鼓腹を指さしながら怒鳴りつけていた。

21 年末——大盛況だったクリスマス会

タブー【たぶー】　してはいけないこと。禁忌《きんき》ともいう。合理的な説明のつくタブーと、部外者には理解しづらいタブーがある。たとえば、酒や豚肉を禁じるイスラム教徒の規律、畳のヘリを踏むなという日本の習慣など。

そういうのを泥沼っていうんだぜ

あっという間に12月をむかえた。進学先が決まった2年生はほとんどいなかったが、私も学生も「なるようになれ」と開き直り始めていた。そのため、毎日の授業はそれまでどおり、いたって平穏だった。

「扇子とは、棒みたいになるハンドファンだ。みんなの国にもあるだろう?」

そうたずねると、ウズベキスタン人学生たちがゲラゲラと笑い出した。

「あれは女が使うものです。男は使いません」

「そうなの?　日本ではサムライも使ったんだぜ。鉄で作った扇子もある。鉄扇《てっせん》といって、それで刀と闘ったりもしたんだ」

「えぇっ、ウソよ！　それは無理でしょう？」と目を丸くする学生らに、「無理でもないんだよ」と答えて、私は鉄扇術の説明を始めた。

小太刀、十手、鉄扇といった小器を用いて、大刀と渡り合うのはたしかに難しい。ただし、油断なく間合いをはかり、ギリギリまで身を沈めれば、太刀を受け流すことも不可能ではない。相手の攻撃を無力化するには、後ろに下がって避けるだけでなく、逆に間をつめて敵の足もとに低く沈み込むのも有効なのだ。

そんな話を熱中して語ったが、途中で「アレッ」と違和感を覚えた。この手の話を誰よりも好むルスタムが、窓の外をボンヤリ眺めていたからだ。

その様子を見ているうちに、すぐさまピンとくるものがあった。

ルスタムの親族は会社経営をしており、彼もビジネスに明るかった。来日した直後、ルスタムは中古の自動販売機を本国に転売し、結構なお金を手にしたこともあったらしい。だが、自国の留学生にアパートをサブリースする計画を立てたのが運の尽きで、見込んでいた学生が入国せず、大赤字を出したと聞いていた。

授業終了後、ルスタムは学費滞納の件で、事務の田中さんに呼び出された。彼は父親がいないため、経費支弁者である叔父が、滞納金を送ってくれるはずだった。しかし、それが延びのびになっていたのだ。

「叔父さんからの送金っていつになるのよ？」

「わからない。でも、必ず払う。何度もいったでしょ？　どうして田中さんは信じないのか！」

「もう、とっくに期限を過ぎているからよ」

「今は持っていない！　用意ができたら払う！　なぜ、それが理解できない？」

「私じゃないの！　会社が納得しないのよ」

田中さんはウンザリしながらも、しばらく押し問答を続けていた。二人の話が済んだのを見計らい、私はブスッとしているルスタムに近づいた。

「ルスタムさん、元気ないね。どうした？」

私に気づくとハッとした表情を浮かべたが、彼は強気をよそおい、すました返事をした。

「何の問題もないです」

「めずらしいね。ルスタムさんは、いつだって問題だらけだろう？」

「問題だらけじゃない！　でも、日本人は心がないです。お金、お金、お金のことばかりいう。『お金よりも大事なことを知っているのがサムライだ』と、山下先生はいったでしょ？　でも、サムライなんてどこにもいないよ」

筋金入りの拝金主義者である彼が、ずいぶんと身勝手なことをいうものだと、私は思わず吹き出してしまった。

「サムライだってお金は必要だよ。だから、約束したお金は払わなきゃダメだ。それとさ、あなたが『お金、お金』っていわれるのは、あなたも、お金、お金の人だからじゃないの？　そういうのを泥沼っていうんだぜ」

ルスタムは「泥沼」という言葉に、ちょっと首をかしげた。ケータイでササッと検索した後、「あぁ」とうなずき、ひょいと肩をすくめた。

「山下先生はサムライかも知れない。日本語学校の先生は給料がよくないから、お金、お金の人じゃないと思う。でも、私はお金が重要です。なぜなら、誰もが信じるのは、結局お金だから。貧乏な人間は、生きている意味がない」

それを聞いた私は「すげぇ極論だな」と感心しつつも、すぐさまキッパリと否定した。

「いや、違うね。それはやっぱり泥沼っていうんだ。オレは感心しないな」


いい先生だなって思っていたのに……


学生から総スカンを食らっていた古川先生は、よほど教え子が憎いのか、職員ブースで四六時中、生徒たちの悪口をまくし立てていた。

「新入生が書いた志望校アンケート、伊藤先生は見ましたか？　1位が早稲田大学、2位が青山学院、3位が上智だって。ねっ？　もう、おそれ入っちゃいますよ。入れるもんなら、ぜひ入ってもらいましょう！」

彼は、アニメに登場する昆虫みたいな声で「カカカ」と笑った。そういう古川先生につられるようにして、教務主任の伊藤先生も毒舌をふるった。

「留学生といってもね、家族の厄介者が島流しされてきたようなもんなんです。ちょっと見たって、ろくでもない子ばっかりでしょう？　もっと年下のウチの娘だって、ずっとシッカリしていますもの」

こういう会話の間、私はまったく口をきかなかった。堪忍袋の緒が切れそうだったからである。

ところで、師走に入ってからというもの、出入口近くに座っている古川先生は、扉をしっかり閉めない学生たちに、何度もカンシャクを起こしていた。冷たい外気が入ってくるのに耐えかね、業を煮やした彼は「寒いです。必ず閉めましょう」という手書きの注意書きをドアに貼った。しかし、その文面にある「寒」の横棒が1本余計なのに私は気づいた。

「何が『ぜひ入ってもらいましょう』だ。この程度の漢字が書けないテメェこそ、早稲田も青山も無理だっての！」

私はどす黒い怒りにまかせて赤ペンをとり、その誤字に大きなバツをつけた。また、これ見よがしに正しい字も書き足してやった。

翌朝、出勤したばかりの私のもとへ、田中さんが厳しい表情で近づいてきた。

「この赤字を書いたの、山下先生ですか？」

彼女の手には、古川先生の貼り紙があった。私は、母親に叱られる直前みたいな緊張を感じつつも、「ちょっと手直しをしてあげました」とおどけてみせた。

「どういうことですか？」

「は？」

「山下先生は学生にも好かれているし、いい先生だなって思っていたのに……悲しいですよ。字を間違えるよりも、こういうのをあげつらうほうが本当に恥ずかしいです。新しい先生がたとうまくいっていないのは知っていますよ。でも、こんなの絶対よくないです」

田中さんからは、しょっちゅう説教をくらっていたが、ここまで厳しく苦言を呈されたのは初めてだった。私は考え込むふりをしたまま、顔をあげられなくなっていた。

すると、そこへ当の古川先生が出勤してきた。

「階段の下で転んじゃった！　ヌルヌルしているんだけど、何でしょうね？」

彼は自分のズボンをハンカチで必死にぬぐっており、その場の重い空気にはまったく気づいていない様子だった。

「あっ、それと、学期末にやるクリスマス会ですが、当日は机のセッティングやケーキを運ぶのをお願いしますね」

田中さんは口調を一転させていった。

「えっ……はい。もちろんです」

「古川先生もですよ」

「はぁ、何ですか？」

「山下先生に聞いてください。じゃ、山下先生、これ、捨てておきますからね」

彼女は、さり気なく貼り紙をたたみ、自席へと戻っていった。

不器用なだけかも知れないな

田中さんが音頭をとったクリスマス会は、大盛況だった。

教員のプライベートを暴く「西丘クイズ」では、「古川先生が今までにつき合った女性は何人でしょう？」といった出題もあり、学生たちは「0人！　0人！」と満場一致で正解した。

伊藤先生は相変わらず強情で、「電話番をします。パーティーには参加しません」といい放ったけれど、休憩時間にフラッと顔を出し、生徒一人ひとりに手作りのメッセージカードを手渡していた。伊藤先生の高飛車な態度にはずっと引っかかっていたが、その照れくさそうな様子を見て「あの人は不器用なだけかも知れないな」と、何だか急にいじらしくなった。

「山下先生、軽食タイムです。お運び、お願いします！」

田中さんの指示で、私はスナック菓子、ジュース、ケーキを、テーブルの上にガンガン並べた。学生らはムシャムシャとほおばり、実に満足そうだった。

日本語学校で食べ物を提供する場合、それが生徒たちの宗教的タブーに触れないかどうかをチェックしておく必要がある。しかし、そういう面倒は田中さんと林さんが事前にしておいてくれたので、トラブルは一切なかった。

ビンゴゲームの当選者に手渡されるプレゼントは、教員一同の持ち寄りであり、その中には、私が手裏剣道場を開くまでの経緯を題材にした『ある日突然ダンナが手裏剣マニアになった。』という妻のコミックエッセイもあった。

それをひき当てたベトナム人学生のファムは、マンガをパラパラとめくりながら「全然わからない。難しいです」といって顔をしかめた。わからないのも当然で、彼は左開きの教科書と同じつもりで、右開きのマンガを逆側から読んでいたのだ。林さんはクスクス笑って、正しい読み方を教えてやっていた。

お開きの段になると、誰からともなく自国の国歌を熱唱し始めた。それは歌合戦の様相を帯び、私も請われるままに調子外れの君が代をシャウトしていた。

22 新年——電車に乗るお金もないです

自宅訪問【じたくほうもん】 学生の生活実態を把握するため、自宅を訪れること。日本語学校では、出席率の低い学生を対象におこなうことが多い。トラブル防止のため、職員2名以上で訪問するのが一般的である。

神社とお寺って違うんだね

新学期の初日、全校生徒を連れて、近くの神社を参拝した。その移動に先だち、初詣に関する講義を各教室でおこなった。

「神社は日本の神様を祈る場所。お寺はインドのお坊さん、すなわち仏様を拝む場所です。神社では拍手を打つ、お寺では手を合わせる。そういった概要を教えたら、鳥居とか狛犬についても、ざっと説明してください」

朝礼で、事前講義のあらましを各教員に伝達したところ、「へぇ。神社とお寺って違うんだね。オレ、同じもんだと思っていたよ」と、中原先生が耳の穴をほじりながらいった。

「昨年末、渡しておいたレジュメに全部書いてありますから、それを読んでくれれば大丈夫です」

私はそういい添えて、なかなか教室に入ろうとしない中原先生の背を押した。

さて、神社へは片道15分弱の距離しかなかったが、学校からの移動中は事故がないようにと絶えず目を光らせる必要があった。しかし、同行した中原先生と古川先生は、すぐに迷子となっていなくなり、ほとんど引率の役目を果たさなかった。

宗教色の強いイベントゆえ、ウズベキスタン人らが嫌がるかと思ったが、まったく抵抗ないらしく、嬉々としてケータイのカメラをあちらこちらに向けていた。

ランとフは、仲よくおみくじをひいていたけれど、お告げ文特有の古語が理解できないようで、私に解説を求めてきた。あまりラッキーなことが書かれてなかったため、「愛し合う二人は、いいことがあっても、悪いことがあっても、信じあうことが大切です」などと適当なことをいってやった。

「先生、ありがとう。本当にそのとおりですね！」

そういって境内をスキップしていくランを、慌ててフが追っていった。

アーメンはイヤですか？

この初詣の1週間前、私は金さんに辞職を打診されていた。

「私個人の考えなんでしゅがね……山下先生、あなたはこの学校にいても面白くないよ。そうでしょう？　周りの先生は頼りないし、給料もよくない。私の知り合いの学校を紹介しますから、そっちへ移りませんか？」

彼はわざわざ「私個人の考え」などと最初に断ったが、「どうせ本部からの指示なんだろう」との察しはついていた。

私が中原先生とぶつかった一件などを、いまだに社長は憂慮していると耳にしていたので、私は「来るべき時が来たんだな」とさとったのだ。

「山下先生。私もね、こんな学校は面白くないよ。そのうち辞めるつもりです。本当に面白くないからね」

金さんのニンニク臭は、緊張したりウソをつくと濃厚になるが、この時の臭気も強烈だった。しかし、私も「転職するべきかな？」とずっと迷っていたから、渡りに船ではあった。

「見よう見まねで頑張ってきましたが、このところ限界を感じていました。職場を変えるのも、一つの手だと思います。もし、教務の仕事をイチから学び直せるような学校があれば、ぜひ紹介してください」

私が素直に頭をさげると、彼はうれしそうに笑った。

「そうでしゅか！　実は、いい学校を知っているんです。たとえばね、大宮にある学校なんかはどうですか？　ここよりずうっと給料がいいです、歴史も長いですよ。ただね、キリスト教系の学校なんで、毎朝、礼拝をするんだな。アーメンをしないとイケません。山下先生、アーメンはイヤですか？」

「イヤじゃないけど、好きでもないです。アーメンしないでいい学校は知りませんか？」

「もちろん、知っていますよ！　大丈夫、私もアーメンは嫌いです。別の学校を紹介しましょうね」

そんな安請け合いをする金さんからは、酸っぱさ混じりのニンニク臭が一層強く漂ってきた。

山下先生も見るからにアヤしいんですから

2年生の受験シーズンが大詰めを迎えてから、不合格続きで気力を失った学生や、生活苦で受験料すら工面できない学生が、日に日に増えていった。

脱落していく生徒は、まず欠席をくり返すようになる。そのまま放っておくと、長期欠席の末、行方知れずとなり、不法滞在者へと身を落としていくのが常だった。それを防ぐのにもっ

先生
今ヨロシイでしょうか
ワタシの漢字
見ていただけませんか
あいかわらず熱心じゃな!!
極道 極道
夜露死苦
任侠 唐獅子
何を見て書いておるのだ…!?

とも効果的なのは、自宅訪問を適宜おこなうことであった。

ウズベキスタン人学生のフィルーザは、年末から登校しなくなっていた。アルバイト先をなくし、所持金も尽きたという彼は、知人の家を転々としているらしく、学校側は彼の居場所を特定できずにいた。

しかし、新学期に入り、彼が身を寄せているアパートが判明した。

私は田中さんの指示で、フィルーザがいるというヤサを探りにいった。そこは、西日暮里駅から5分ほどの線路沿いで、とても便のいい場所だった。

学生の家を訪れた際は、まず建物の外観を写真に収めねばならない。これは、不登校学生を放置せず、自宅を訪問していたとの証拠にするためだ。そして学生に会うことができれば、近況を確認し、その上で登校するように指導する。万が一、本人が不在であれば、ベランダの洗濯物とか郵便ポストのたまり具合から生活の痕跡をチェックしておく。ルームメイトが在宅の場合は、当人の外出先や戻り時間などを聴取し、それをもとに再訪日を検討するのである。

日本語学校の職員は、そんな探偵まがいの仕事までやるのだが、たまたまその日は、一発でフィルーザをつかまえることができた。

玄関のチャイムを鳴らしても返事がなかったため、開けっ放しのドアをのぞき込んだら、5、6枚のフトンが敷かれた部屋で、まさしく彼が起きあがろうとしていた。

「あれっ？　山下先生」

「あれっじゃないよ、フィルーザさん」

フィルーザは寝ぼけまなこのまま、私を部屋に招き入れた。同居者らはみなアルバイトに出かけているそうで、彼だけがゲームづけのひきこもりの生活を送っているとのことだった。

「先生、私はすごく困っている。どうしましょう？」

フィルーザにしてはめずらしく、無精ひげを伸ばし放題だった。彼は母国に妻子を残してきた学生だったが、相当の女ったらしで、身だしなみには人一倍気をつかうタイプだったのだ。

「何がどうしましょうだよ。学校に来なさい。あなたは留学生なんだからさ、勉強しなきゃダメだろう?」

「でも、電車に乗るお金もないです」

「ゲームをしているヒマがあるんなら、学校まで歩いてこいよ。しょうがねぇなぁ……ご飯はちゃんと食べているの?」

「ご飯は友だちがくれます。みんな料理の仕事をしているから、とてもおいしい」

「よかったね。でもさ、学校を卒業するのか、あきらめて国に帰るのか、ちゃんと決めろよな。電車賃は出すから、今から学校へ行って相談をしようぜ」

そう提案すると、フィルーザは二つ返事で外出の支度を始めた。身から出たサビとはいえ、さえないパラサイト生活にずいぶんと参っていたようだ。アパートを出て最寄駅に着いたころには、いつもの調子をとり戻し、若い女性とすれ違うたびにチラチラとふり返っていた。

学校に着くと、待ち構えていた金さんが、フィルーザと2人っきりの面談を始めた。後で教えられたのだが、フィルーザの遠い親戚にあたるボルタエフが、フィルーザの未納学費を立替えると申し出たらしい。金さんは、それをフィルーザに伝え、「明日からでも授業復帰するように」と説得した。

肩の荷を下ろした私が自席に戻ったとたん、田中さんがキッとした鋭い目を向けてきた。

「フィルーザさんは、在留カードを持っていませんでしたよ。学生を連れ出す時はきちんと確かめてくれなきゃダメでしょう？　カード不携帯で警官に声をかけられたら、一発でアウトなんです」

「イケねぇ、そうでしたね」

「あの学生も、山下先生も、見るからにアヤしいんですから、そういうことには充分気をつけてください！」

「えっ、アヤしい……私も？」

心外な言葉にやや傷ついたが、「田中さんの小言ともじきにサヨナラかな」と思うと、何だかしんみりとした。

23

行楽——私は女の子とデートする

旧正月【きゅうしょうがつ】 旧暦の正月のこと。新暦の正月より1か月ほど遅い。中国では春節、ベトナムではテトと呼ばれている。家族で過ごすならわしがあり、この時期は多くのアジア人留学生が一時帰国する。

文字が三つもあるのはオカシイよ！

1月下旬から2月上旬の間、中国やベトナムの学生はこぞって一時帰国する。旧正月を家族と過ごすためだ。彼らは、欧米のクリスマスに勝るとも劣らないスケールで団らんを楽しむのである。

しかし、この時期こそが受験の山場だった。欠席者が多い2年生の教室で、ゆるみきったクラスの空気をシメようと、私は大声でハッパをかけた。

「寝るな！　遅刻するな！　ゲームをするな！　学校が決まったヤツも安心するなよ！　合格したって、出席率が悪けりゃあ、入学を取り消されることもあるんだ。もちろん、アルバイトのやり過ぎもアウトだぞ！　とにかく勉強しなさい。勉強してりゃあ、間違いないんだ！」

ベトナム人学生は帰省して少なかったが、ウズベキスタン人学生とスリランカ人学生は全員そろっていた。

「山下先生。私は出席率も、アルバイトの合計時間も大丈夫です。ですが、専門学校はすべて落ちたよ。どうしたらいいですか？」

いつもならハイテンションでおしゃべりするブーミンが、どんよりした目でボヤいた。その顔は、放置し過ぎた虫歯のせいで倍ほどにハレあがっていた。

「私、日本語を話すのはとても上手です。バイトでもよくほめられる。でも、漢字が苦手だから、どこの専門学校もダメです。中国人に生まれていたら、絶対に合格しましたね。あぁ、ウズベキスタン人は本当に損だよ」

ブーミンは受験した6校すべてに不合格となり、受験料だけでも10万円以上を失っていた。彼が虫歯を放ったらかしにしているのも、その手元不如意が原因らしい。

ただし、ブーミンの人柄を見込んだアルバイト先の店長が、コンビニの仕事を続けることを条件として、まとまった金を貸してくれていた。そのおかげで、ブーミンは首の皮一枚、進学を断念せずに済んでいたのだ。

「日本人はなぜ漢字を使う？　ひらがなとカタカナだけなら、私はすぐに合格するよ。山下先生、漢字をなくしてください！」

「ムチャをいうなっつうの」

私はつっけんどんにいい返した。

「前にいっただろう？　漢字があると、文章は短くなるし、読み間違いも少なくなるから、慣れると便利なんだよ」

「便利じゃないよ！　私だけじゃない。外国人はみんなイヤがっているね。私たちは中国に来たんじゃないよ！」

「日本では、ひらがなとカタカナより前から、漢字を使っていたんだ」

「しかし、もういらないでしょ？　文字が三つもあるのはオカシイよ！　日本人はなぜ、それがわからないか？」

延々と続きそうなブーミンのグチを強引にさえぎり、私は「ジャ、ジャ、ジャーン」と、遠足の告知をした。

「さて、みなさんにニュースです。来月、卒業遠足にいきます。あなたたちが楽しみにしていた東京ディズニーランドだぞ！」

私はそういって、白雪姫の挿入歌「ハイ・ホー」を口ずさみ、こびとのダンスを踊ってみせた。

ディズニーランド観光は、留学生にとって大変なステータスである。その人気は世界遺産の日光東照宮ですら遠く及ばぬほどだから、この知らせにクラスはわき返るはずだった。が、私の陽気な「ハイ・ホー」もむなしく、学生たちはシラケ切った顔をしていた。

「あれ、うれしくないの？」

「先生。ディズニーランドまでの電車賃は、学校が出しますか？」

先生
日本語を最初に作った人はダレですか？
一人の人間が作ったのではなかろう
そうですね…
漢字とひらがなとカタカナがありますから…
三人です!!

ハレたほおをさすりながら、ブーミンがいった

「いや。自分のお金で来てよ。学校が出すのは入園料だけだ」

「じゃあ、無理ですよ。専門学校のテストで、たくさんのお金を使った。歯医者にもいく。だから、電車は乗れません。私は歩いていくしかないです」

「へぇ、がんばってね。あ〜るけば〜、6時間くらいだよ〜、ハイ・ホ〜」

私はもう一度フワフワしたステップを踏み、軽快なターンを切ってみせた。

5千円貸してください

遠足当日は、風の強い晴天だった。卒業するのは1クラスだけなので、引率者は学級担任の私しか認められなかった。

ベトナム人学生らは、ビザ更新の都合で全員参加せず、またスリランカ人学生たちも「交通費がありません」とドタキャンの連絡を入れてきた。

その結果、集まったのはウズベキスタン人学生の10人強だった。

何だかんだとゴネていたブーミンも電車賃が工面できたらしく、徹夜のアルバイトを終えて直行してきた。

「さみしい遠足だな」と思ったのもつかの間、学生たちは、たちまちエネルギッシュにハシャ

ギだした。彼らは子犬のように走り回り、女子高生と見るやいなやサッと近づいて、一緒に写真を撮りたいと彼女らにねだりまくった。

虫歯のハレがひいたブーミンは絶好調で、女子グループと接触するたびに「私は女の子とデートする。さよなら、先生」と告げて、本当に姿をくらましてしまった。が、いつの間にか戻ってきており、何ごともなかったように再び上機嫌で笑い転げていた。

彼らがアトラクションで遊んでいる間、私は全員のチケットを預かって、乗り物の予約を取ってまわった。そしてこれが、思った以上に体力を消耗した。

「ジャングル・クルーズ」という川下りボートがすいていたため、これには私も同乗することになった。大学時代、この船長役のアルバイトをしていたので、ガイドトークをそっくりなぞってやると、生徒たちは「先生、上手！　日本語学校よりも、こっちで働いたほうがいい！」などといって手を叩いた。

問題児のルスタムも楽しそうにしていたが、私とは微妙な距離感があった。

教室における彼のわがままはひどくなる一方で、私はルスタムを突き放すようになっていたのだ。彼の横柄さには、「自分がどこまで許されるのか」を試すような甘えが強く感じられた。どう接するかで悩んだが、他人の迷惑をかえりみないルスタムの態度は容認できず、黙殺することが増えていたのである。

「山下先生、オレとボルタエフさんはバイトがあるから、昼過ぎには帰る。だから、もう乗り物の予約はいらないです。先生も一緒にご飯を食べよう」

そんなふうに、ルスタムは突然、私を食事に誘った。ムスッとした顔をしていたが、いい出す機会をずっとうかがっていたようだった。

ほかの学生らも「そうです、そうです。ご飯、ご飯」とランチタイムに賛成し、さらにそのうち数人は「5千円貸してください。お願いです」と進み出てきた。

「えっ、一人5千円も？　そりゃ無理だよ！　まぁ、2千円くらいずつなら貸せるけどさ……でも、必ず返してくれよな」

心ならずもお金を配ると、私の財布には紙幣が1枚もなくなっていた。

「ルスタムさん。やっぱりオレさ、ひとっ走りして予約をとってくるよ。せっかく来たんだから、もう少し乗っていったほうがいい。あなたたちは、あそこのレストランで食事をしていなさい。オレが戻るまで、動かないでくれよな」

昼食代を失った私はそういいつくろい、予約券の発券機へと急いだ。

どんな大人になるんだろう？

引率終了時間の5時となり、私は残っている学生らに「もう帰るから、みんなも気をつけて帰れよ」と伝えた。

私から2千円をひき出したアバロフが、「先生、どこかで一緒にお酒を飲みましょう」などと図々しいことをいったが、私の財布にも、彼のポケットにも、そんなお金はもうなかった。

「専門学校に合格したらみんなで飲もうぜ」といって、私はその場を離れた。

一緒に帰路についたブーミンは、職場の店長に渡すのだというチョコレート菓子を大事そうにかかえていた。「チャランポランな男だが、意外と義理がたいんだな」と、私は少し感心した。

また、帰りの車中、夜勤明けで一睡もしていないブーミンはウツラウツラとしていたけれど、年配の女性が自分の前に立つなり、サッと席を譲った。自分勝手なようでいて、道徳心の強いイスラム教徒らしい態度だった。

「ブーミンさん、今日は疲れただろう? 私が立つから、あなたは座ってもう少し寝なよ」

遠慮する彼を無理やり座席に押しつけるや否や、冗談みたいにスコンと寝入ってしまった。

その寝顔を眺めつつ……職場にコートを忘れてダウンベスト一枚だった彼が……歯をガチガチ鳴らし、女子高生に声をかけている姿を思い出していた。

「この青年は、どんな大人になるんだろう?」

さまざまな想像がよぎったが、案外、悪いイメージは一つも浮かばなかった。

24 卒業——やべぇ。オレ、泣きそうだ

卒業式【そつぎょうしき】　修了認定者を祝う式典。学校から修了証書、成績優秀賞、皆勤賞などが授与される。立食パーティーをおこなう学校もある。それとは別に、学生が教員を謝恩ランチやディナーに招待したりもする。

「転職を勧めたのは金さんですよ」

「辞める？　じゃあ、西丘はどうなるんでしゅか！」

金さんは激高した。

私に辞職を勧めていた彼は、ここにきて態度を一変させていた。その理由は、専任教員が誰もいなくなる危機を、またもや迎えていたからだった。

まず、クマヨウファンの古川先生は、新設する千葉校への異動希望を却下されたのを不服として、学校を去ってしまった。もともと彼は、自宅に近い千葉校がオープンするまでの短い期間だけ、西丘日本語学園に勤めるという約束だったらしい。しかし、千葉校は２人の教員だけ

で切り盛りせねばならないため、「不熱心な古川先生を投入するのは心もとない」と、人事の竹村さんが断ったのだ。約束を反故《ほご》にした会社側にも問題はあるが、古川先生を間近で見てきた私としては「まぁ、いたしかたないか」と感じていた。

また、教務主任の伊藤先生は「教壇に立たない」との姿勢を変えず、会社側と激しく衝突していた。妥協点を見いだせぬまま膠着状態が続いていたが、結局、彼女も辞職の意向を固め出していた。

こうした諸事情から、リストラ第一候補だった私を、金さんは何がなんでもつなぎ止めねばならなくなったのである。しかし私は、すでに何校かの日本語学校に履歴書を郵送しており、その返事を待っているところだった。年度がわりまでに転職先を決めたかったからだが、金さんはそれを聞くやいなや、目を三角にして私を責めたてたのである。

「山下先生の『仕事を学び直したい』という姿勢は立派でしゅよ。でもね、どこの学校へいっても、どうせ仕事は同じなんだな。たしかにね、この学校には問題があります。しかし、どんな学校にだって問題はあるよ!」

「何をいってるんですか? 私に転職を勧めたのは金さんですよ」

「何をいっているの? あれは、山下先生のことを心配していったんでしょ! 今は事情が変わったんです。そうでしょう?」

「要するにね、その場しのぎで『誰かを置いときゃいい』って考えだから、こういうことになるんですよ。まだ進学先の決まっていない2年生がいるし、もう少しで新2年生の進学指導も始まります。この状況を乗り切るには、伊藤先生に残ってもらうべきですよ。彼女は、そのあたりの仕事に慣れていますからね。授業は当面、非常勤講師だけでも回せるでしょう。再度、伊藤先生と話し合うように、本部へかけ合ってみたらどうですか？」

「わかってまっしゅ！　しかし、伊藤先生は給料が高いからね。社長は頭がパーっとなっているんだな。とにかく山下先生は辞めたらダメですよ。これはね、あなたのためなんです！」

金さんは人差し指をゴンゴンとテーブルに叩きつけ、私をにらみつけた。何とも節操のない話であるが、つまるところ会社は、安月給でこきつかえる私を手放さぬことにしたのだろう。

「よしんば、私が仕事を続けるとしても、伊藤先生を残してくれませんか？　1人ではもう無理ですよ」

「当たり前です。私はね、社長が相手でも、いう時はガーッというよ。知らないでしょ？　すごいんだよ」

「わかりました。じゃあ、期待しています」

「いや、あまり期待してはダメだよ」

「はぁ？　ともあれ……時間をください。春休みに有給をもらって妻と旅行する予定ですから、その後にもう一回話し合いましょう」

「オッケー。それがいいよ。のんびりすれば、嫌なことも忘れましゅ！　山下先生、今後ともよろしくお願いします！」

そういって金さんは、満面の笑みを浮かべた。

校長先生が大ハリキリ

その翌月、2年生たちが卒業式をむかえた。

この年の卒業生は20人強しかいなかったため、外部の会場を借りず、校内で挙式することになった。式場の飾りつけ、卒業証書の名前確認、胸章の準備などは、事務の田中さんと林さんが中心となって前日におこなった。

「こういうのも、学校職員の仕事なんだなぁ」

私は目からウロコの気分で、その作業を手伝っていた。

週に1回だけしか顔を出さない須本校長も、妙にハリキっているようだった。この校長先生は、クロスワードパズルをやって帰るだけの閑職にあったが、日本語学校に関わる以前は、大学に奉職していた真面目一徹の人物だった。

「山下先生はとにかく声が大きい。これは素晴らしいことです。評判のいい先生ってのは、声がデカいですからな。私も教壇に立った時は、いつも大声を張りあげていたもんです」

そんなふうに私をほめてくれたけれど、この校長先生は「何においても話が長い」という致命的な欠点があった。彼の話には脈絡がなく、くり返しも多いので、田中さんたち事務員も、忙しい時には聞こえないフリをすることがあった。

この日の事前準備でも、須本校長の同じ話、同じ質問に閉口していたが、帰りしな「差し出がましいんですがね、成績優秀者と皆勤者に金一封をお出ししたいんです。いかがでしょうか？」といわれてビックリした。

「えっ？　校長先生が？　いいんですか？　むろん、いいお話だと思います」

「私たちが送り出す最初の卒業生ですからな。お役に立ちたいのですよ」

校長先生の双眸《そうぼう》には、クロスワードパズルに興じている時には見られない強い輝きがあった。

「明日の学校長式辞は長引きそうだぞ……」

私はガックリとうなだれた。

「みんな、自信を持って卒業しなさい」

「フィルーザさん、違うよ！　今、いったろう？　一回お辞儀してから証書をもらうんだ。ホラ、足は開かない。かかとをつけて立つんだよ」
式当日は、卒業証書の受け渡し練習からスタートした。

私は一人ひとりを懸命にチェックしていたが、ルスタムは相変わらず反抗的な態度をとり、イスにふんぞり返って練習を拒否していた。こちらはそれを叱る余裕がなく、いつもどおり放っておくことにした。

リハーサルが終わると、すぐに本番が始まった。開式の辞を述べた金さんは、緊張で声が裏返り、卒業年度を二度も間違えてしまった。

田中さんと林さんは撮影係を担当した。私は足を投げ出して座ったり、私語を交わそうとする学生をにらみつける監視役に回り、証書授与の段になると、それを校長に手渡す助手も務めた。

さて、リハーサルをしなかったルスタムは、校長が文面を読みあげるのと同時に証書へ手を伸ばすという失態をさらしてしまった。ルスタムは反射的に私をふり返り、汗がにじみ出すほど顔を真っ赤にした。両手を差し出したままの姿で固まっているルスタムの間抜けな様子に、私は笑い出しそうになったが、何とか無表情をつらぬいた。

式典が終わると、集合写真を何枚か撮影し、学生らも各自のケータイで記念写真を撮り始めた。その流れで立食パーティーとなり、結構豪勢なケータリング料理がところ狭しとならべられた。それは、田中さんが経費をやりくりして、近所のオードブル店に発注したものだった。

「前任者の一斉退職などで学校が混乱したことへのおわびです」と、彼女はいった。

スリランカやウズベキスタンの学生らは、例によって「ブタ肉はダメです」「トリ肉はどれですか?」などと食材を気にしていたが、ベトナムの学生たちはここぞとばかり、あらゆる料理に手を伸ばしていた。

「ベトナム人は何でも食べるね。ネコも食べる。おそろしいことです」とブーミンがちゃかすと、ベトナム勢のリーダー格であるファムが、「ブタがダメなら、ネコを食べるといいよ」と不敵に笑った。

ファムはゴルフ用品製造工場で、クラブを組み立てるアルバイトをしており、「日本人は器用というけど、仕事は遅いし、ヘタクソが多い。だからオレ、班長をやっているんだ」と誇らしげに語っていたことがあった。ファムも筆記テストのふるわない学生だったが、口は達者な部類で「ネコの肉は鍋やスープにするとうまい」といったことを、よく教えてくれた。

また、教室を見回すと、年末から失踪していたロボフがいけしゃあしゃあと途中参加しており、料理をつまんでいた。

「今日、初めて校長先生を知りました。私、山下先生が校長先生だと思っていたよ。本当に驚きました」

ナポリタンをすすりながらロボフがそういうなり、「私も！」と同意する声があちこちであがった。

「私が校長をするほど、西丘日本語学園はヒドい学校じゃないぞ。みんな、自信を持って卒業しなさい。でもさ、ここで本当にエラいのは田中さんだからな」

私の軽口に対して、ロボフは「やはりこの学校はダメですね」とふざけた。

宴もたけなわで、職員一人ひとりが祝辞を述べることになった。メッセージなどまったく考えていなかったが、何の迷いもなくあいさつすることができた。

「1年半あるいは2年間、あなたたちはまったく知らない国で過ごしました。これは本当にすごいことです。私も学生時代、アメリカやインドを旅行しましたが、いたのはせいぜい1か月くらい。それでも大変な経験をしました。あなたたちは、それよりもずっと大変だったでしょう。心から尊敬します。でもね、『自分の力だけでやった』と思っちゃダメですよ。助けてくれたお父さん、お母さん、家族へのありがとうを大事にしてください。アルバイトの店長さんや日本人の友だちにも、感謝しましょう。そしてこれからも、ありがとうの気持ちを忘れないでください。そうすれば、あなたたちは、ずっと、もっと上へいける。本当だよ。まっ……とりあえず、卒業おめでとうございます」

いい終わって学生たちを見回すと、彼らはしばらく黙っていた。

そして、不意にファムがつぶやいた。

「やべぇ。オレ、泣きそうだ」

あなたは苦労の多い大人になるぜ

パーティーの解散後、ウズベキスタン学生一勤勉な大男のアバロフが、ヌッと私の前に立って一礼した。

「山下先生、あなたはこういいました。本当にわかって欲しい人には、ウソをいってもいい。ウソでもいいからホメなさい」

「あぁ。ウソも方便の話だな」

「ですから……山下先生。あなたは本当に優しくて、怒ったことがない、素晴らしい先生でした。どうもありがとうございます」

アバロフがそういうと、ブーミンたちが背後から声を合わせて「ウソでもいい！」とはやした。

「そういうことか」と私は苦笑して、「ありがとう。あなたたちも居眠りはしないし、ケンカもしない、素晴らしい学生でした。頑張れよ！」と即座に応酬した。するとこ今度は、スリランカ勢が「それは本当！」と切り返して大爆笑した。

日本人にはない彼らのカラッとした明るさが、今さらのようにまぶしかった。

みんなが去った大教室の後片付けをしていると、ゴミ袋を手にしたルスタムが顔を出し、頼んでもいないのに手伝いを黙々と始めた。

「先生がこんなことをするのはおかしい。なぜ、あなた一人でやっている？」

彼は、イラついた口調で話しかけてきた。

「今日はあなたたちのお祝いだからさ。掃除当番はオレなんだ」

「田中さんと林さんは何をしている？　彼女たちは、なぜやらない？」

「彼女らは、準備のほうで頑張ったんだ。今、ボルタエフさんたちが招待してくれたランチにいってるよ。ルスタムさんもいってくれば？」

私も誘われたのだが、どうもてれ臭くて、居残りの掃除を引き受けたのである。

ルスタムはそれに答えずに、ゴミを拾い続けた。

「ルスタムさん。あなたはたぶん、苦労の多い大人になるぜ。でも、それは悪いことじゃないよ。苦労した分だけ、立派な人間になれると信じなさい」

ルスタムは、その言葉にも黙っていた。そして片づけを終えると、「さようなら」といい残して、仏頂面のまま教室を出ていった。

25 落胆——みんな辞めていってしまう

進学説明会【しんがくせつめいかい】 受験者や受験指導をする教員のために開かれる学校説明会。複数の大学や専門学校が集まる合同説明会には、外国人留学生対象のものもある。自校に招いて見学させるオープンキャンパスも盛ん。

この西丘が好きなんです

年度がわりになって、伊藤先生の退職が決まった。その矢先、グループ校の教務主任がヘルプで回されてくるという話と、新卒の専任教員が採用されたという知らせが届いた。

三鷹にあるグループ校は、生徒管理の甘さから非適正校に転落し、次年度の全校生徒はたった1人となる見込みだった。教員は一斉解雇されていたが、教務主任だけが残留しており、その教務主任である高梨先生が西丘日本語学園の教壇にも立つこととなったのだ。

顔合わせにやって来た高梨先生は、エビス顔の気だてのいい人だった。実際、学生の面倒見もいい人で、ニコニコ顔のままカンシャクを起こすという謎めいた個性を秘めていたけれど、私はすぐさま彼と意気投合した。

その一方、パク先生という韓国人の新卒専任は、ハチャメチャに感情的な女性で、私のみならず、学生の前でも泣く、叫ぶ、すねるをくり返した。その結果、パク先生に任せたクラスは、わずか2週間で学級崩壊してしまった。

「この学校に理想の教育はありませんでした」

彼女はそう捨てぜりふを残し、1か月もせずに辞職してしまった。

「今どきの韓国人って、じぇーんぶあんな感じですよ。だからね、韓国も社会主義でいくべきでした。資本主義が許される国って、日本とアメリカくらいだからね。そうでしょ？　今の韓国は北朝鮮以下でしゅ」

朝鮮系中国人の金さんは、私の耳元でそうクサした。彼の持論はさて置き、パク先生もまた、規格外の教員として私の記憶に強く残った。

なお、パク先生が辞めるほんの少し前、伊藤先生も学校を去った。伊藤先生は姉御肌な一面があり、女性職員の求心力になっていた。また、彼女のドライな態度は、意外と学生から支持されており、離職を惜しむ者が少なくなかった。

ともあれ、専任教員は、またもや私1人となった。そのため、かつてない数の授業をこなさねばならず、私はたちまちセキぜんそくをわずらってしまった。声がまったく出ない状態が1

週間ほど続いたが、それでも教壇に立たねばならなかったから、毎日ボロボロで今にも倒れそうだった。

イヤなことは重なるもので、さらに心底ガッカリすることに直面した。何と事務の田中さんまでもが、学校を辞めることになったのだ。

彼女が、社長の経営するホテルのフロントへ異動を命じられていると聞いたのは、私の病状が少しよくなったころだった。

「私ね、父のツテでここに就職したんです。いろいろありましたけれど、楽しかったな。日本語学校が……というより、この西丘が好きなんです。デタラメな学校ですけれどね、すごく性に合っているんですよ。もう少し話し合ってみますが、ホテルへ異動させられるなら退社すると思います」

私はビックリし、かつ怒った。

「あのバカ社長は、なに考えてんですかね？　ドハマりしてる血液型占いで人事を決めてんのかな？　社員の職務意識とか、現場のチームワークとか、まったく理解できていないんですよ」

私はガマンならなくなり、すぐさま社長のケータイに連絡を入れた。だが、都合が悪くなると雲隠れしてしまう彼は、この時も音信不通だった。唯一のパイプ役である竹村さんも、煮え切らない態度をとっており、私を大いに失望させた。

そして、とうとう田中さんは辞職を決意したのだった。

退職日のあいさつでは、両目いっぱいに涙をためていた。

「これからも西丘は大変でしょうけれど、まぁ、山下先生がいれば大丈夫！　それにね、これでサヨナラじゃない気がしてるんです。もし、またここに戻ってきたら、どうぞよろしくお願いします」

田中さんはまだ若いが、私の先輩であり、師匠ともいえる人だった。彼女がいなければ、早々に挫折していたかも知れない。そう考えると、私の声も震えた。

「もちろんです。戻ってきた時は、田中さんが事務長でお願いします。金さんは、統括部長にでもまつりあげましょう。それでは……どうぞお元気で！」

明るく振る舞ってはみたものの、彼女の力になれない自分がつくづく恨めしく、ひたすらつらかった。

立場が人を変えるっていうでしょ？

司令塔だった田中さんがいなくなり、職場の空気はまたガラッと変わった。意外だったのは、アシスタント的な存在であった林さんが、彼女なりのクールなスタンスで、がぜん、現場を切り盛りし始めたことだった。

「立場が人を変えるっていうでしょ? そういうもんです。心配はありましぇんよ」と、なぜか金さんが得意顔でうなずき、私はそれが非常に不愉快だった。

間もなくして、田中さんが手配しておいてくれた合同学校説明会の日となり、私と林さんは、都内のシティホテルへ学生を引率した。

それは、大学や専門学校の入学担当者が、学生の進学相談を受けるというイベントで、国内留学生数が30万人超となったこの年は、足の踏み場もないような大混雑だった。しかし、林さんはケータイのオープンチャットを駆使し、自校の学生を手際よく誘導していった。

「なるほど。ケータイって便利だな」と感心していると、中国人学生のソウに「ケータイを持っていないのは、イヌとネコと山下先生くらいね」とからかわれた。ひな人形の五人囃子みたいに無表情だったソウも、このころにはずいぶんと慣れて、あどけない笑顔を見せるようになっていたのである。

ともあれ、林さんの仕事ぶりは堂に入っていた。そこで、おおよそのことは彼女に任せ、私は遅刻者の対応を担当した。すると、平然と遅れてきたオウという女子生徒が、いつにも増して肌の露出度が高いファッションをしていた。

彼女は、ウズベキスタン人学生らの卒業後、問題児の筆頭となりつつあった中国人だ。当初はしおらしくて成績も良く、気配り上手な明るい性格だった。母国では幼稚園の先生をしていたそうだが、1年もたつと「子どもは嫌いよ」と断言するふてぶてしさを前面に押し出し、イスの上であぐらを組むなど、授業態度は見る見るだらしなくなっていった。酒焼けしたみたいなしゃがれ声が特徴で、休み時間ごとに喫煙所へ直行しては、遠い目でタバコをくゆらせていた。

「オウさん、あなたの着るものはセクシーすぎる。スケベな服は危険だって教えただろう？オッパイが半分くらい見えているぞ」

「先生。この服、セクシーじゃないです、カワイイよ。スケベな男は、何を見てもスケベなことを考える。先生もそうですよ」

男好きのするオウのいうことだけに、なかなか説得力があった。たしかに、彼女の胸の谷間がいちばん気になっていたのは、私自身かも知れなかった。

「ともあれ、みんな変わっていくな」

オウの服装から目をそらした私は、そんなことをボンヤリと思っていた。

26 夢枕——後味の悪い夢にうなされた

CEFR【せふぁーる】 外国語習得レベルを示す国際的指標。日本語教育機関の告示基準の一部改正により、日本語学校は、大学などに進学しない学生についてセファールA2相当以上の検定結果を入管に提出せねばならなくなった。

名前は忘れても顔は覚えている

酒を飲んで寝た晩は、必ずといっていいほど学生たちの夢を見た。

いちばん楽しかったのは、ウズベキスタン人学生らが、私の自宅に押しかけた夢だった。大声ではしゃぐ彼らに激怒した階下の女性が、風呂から飛び出したままの姿で苦情を訴えに来る……というシチュエーションであった。

興奮のあまり、素っ裸であることを忘れている彼女を、生徒たちは腹を抱えて笑い、「先生、困っている人の話は真面目に聞きましょう」と、勝手に部屋へあげてしまう。その女性はようやく自分が服を着ていないことに気づくのだが、学生たちは「まぁ、まぁ」などといってイスを勧め、「先生、お茶でも出してあげましょう」とニヤつくのである。

その一方、非常に後味の悪い夢にもうなされた。風俗店での勤務を理由に退学させられたマが夢枕に立った時は、寝汗をビッショリとかいていた。

複雑に入り組んだ狭い路地を歩いていくと、足をひきずった若い女性が、路上に転がったオレンジをノロノロと拾っている。通りがかった人びとは、その女性を邪険に押しのけ、そのたびに彼女は地面にひざをついてしまう。気の毒に思って近づこうとすると、その女性がマであると知ってハッとするのだ。声をかけるタイミングを失ったまま、私はただその後を追うのだった。


学校を去った学生たちの名前は、たちどころに忘れていったが、彼らの顔はシッカリと脳裏に刻まれているらしく、夢の中でしばしば再会した。

協調性はゼロだと考えていい

さて、またぞろのっぴきならなくなった教員不足のせいで、須本校長までもが教壇に立たねばならなくなった。

学校長の資格は「教育・学術・文化に関する公的教育機関に5年以上従事した者」との規定があり、ズバリいえば、教員経験がなくてもなれる。しかし、須本校長は大学で教鞭をとっていたうえ、日本語教員の資格も取得していたから、いざとなれば教壇に立てた。が、彼は足を悪くしており、長時間の講義は困難だった。だから実際には、自習に毛の生えたような授業のみをお願いしていた。

なお、その年の春は「法務省入国管理局」に代わって「出入国在留管理庁」が設置され、「日本語教育機関の告示基準の一部改正」がおこなわれた。その結果、非進学者の「セファールA2相当以上の試験結果の提出」が義務づけられたので、それに応じたカリキュラムの改定も講じねばならなかった。私としては、ぜひともベテラン教員を補充してもらい、それらの対応を任せたかった。

さらにこの年は、「特定技能」と呼ばれる新しい就労ビザも制定され、このビザの取得を求める学生への指導も急務だった。特定技能とは、認可されづらかった外国人の単純労働を緩和する新制度である。この資格の研究にもすみやかに着手する必要があった。

また、その春の中国人新入生の平均学力は過去最低だった。非漢字圏のスリランカ人学生と比べても見劣りするほどで、とにかく彼らは学習意欲に乏しかった。親からの仕送りがタップリとある彼らは、アルバイトをする必要がなく、自宅ではひたすらケータイゲームに興じているようだった。その結果、日本語を使う機会が極端に減り、一向に言葉が身につかないらしい。そんな連中の性根も、真っ向からたたき直さねばならない……と、私はあせっていた。

こういった行き詰まりにあえぐ私を適宜サポートしてくれたのが、三鷹国際スクールからへルプで来ていた高梨先生だった。彼はやたらゲラゲラと笑い、冗談を飛ばすのが好きだったが、こうと決めると仕事は早かった。

ただし彼は、熟考型である本部の竹村さんと犬猿の仲で、ちょくちょく衝突していた。

「あのね、ここの教員不足の件だけど、ウチの学校を辞めたばかりの先生に声をかけておいたからね」

「えっ、本当ですか？」

「バッチリよ。でもさ、タケの野郎が『あの先生には問題があります』とか何とかいっちゃって、こっちの根回しをつぶそうとしているんだ。あのバカは、人事という権力に酔っているだけだからね。信じちゃダメよ、あんなパープリン」

そんな話は初耳だったので、「声をかけている先生ってどんな人ですか？　竹村さんがいう、その先生の〈問題〉って何でしょう？」と、私は問いただした。

「うん、正直にいえばね、オレもその先生とは相当にモメたんだよ。大村先生っていうんだけどさ。職員にも生徒にも評判の悪い人だったね」

「えっ。それは困りますよね？」

「ちょっとね。まず彼は、勉強のできる学生しか相手にしないの。それと授業以外の校務はいっさいやらない。自分のテリトリーを決めたら、後は知らんぷりって人がいるでしょ？『前職は公務員だった』っていえば、想像はつくかな? 協調性はゼロだと考えていい」

聞けば聞くほど、この件に関しては竹村さんの懸念のほうが正しい気がした。

「でも、いいところもあるんだぜ。たとえばさ……うーん……何を注意されても平気なところとかね。ガマン強いんだな、東北の出身だから」

私があからさまにシブい顔をすると、「じゃあ、山下先生。あなたはこのままズッと1人でやれるの?」と、にらまれてしまった。


土曜日。小太刀を稽古した。「脇差《わきざし》」とも呼ばれる短い刀を扱う剣術である。十手術と同様、大刀を持った相手を制圧する理合いを学ぶ。

小太刀の型で学ぶべき極意は、斬らせることだ。まともに斬り結べば敵わない大刀を相手にする場合、まずは攻め入りやすい隙をさらして対敵を誘導する。思い切った攻撃ほど、外れた際は無防備となるので、こちらはそこをつくのだ。

後手に回ったと見えた側が、戦略的に先手をとるのを「後《ご》の先《せん》」という。小太刀においては、その呼吸を学ぶのである。

小太刀・四本目

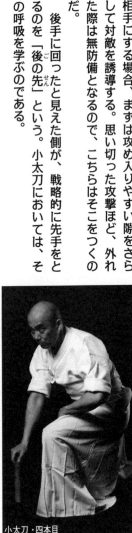

27 瓦解――クラス全員、大学進学をあきらめた

筆順【ひつじゅん】 漢字や仮名の書き順のこと。上から下、左から右といった原則があるが、あいまいな点も多い。時代や地域による差異があり、日本と中国でも、漢字によっては異なる筆順が定められている。

オレだって片道2時間以上だぜ

高梨先生が手配してくれた三鷹国際スクールの元専任教員の再雇用は、いよいよ実現しそうな見通しだった。

しかし、それよりも先に、八王子市在住の非常勤講師が採用された。その人も高梨先生の紹介であった。しかし、彼女は未経験者のうえ、片道1時間半以上もかかる遠距離通勤者であったので、本部の竹村さんは当初、採用に難色を示していた。

「オレだって、西丘までは片道2時間以上の遠距離通勤だぜ！」

そういう高梨先生の強弁で、話は結局まとまった。

ともあれ、晴れて採用された梅干野先生と会ってみると、彼女は私とほぼ同年配の女性だった。中学生になった息子の面倒も見なければならぬという彼女は、勤務地の遠さを気にしていたが、「せっかくのチャンスなので」と目を輝かせていた。

梅干野は「ほやの」と読むそうで、かなり変わった名字だと思った。

彼女は初仕事ゆえ、よく私に授業の助言を求めてきた。ちょっとの配慮や、気休め程度の忠告をしただけでも、そのつど非常に感謝されて、「お礼です」と小さな菓子折りをもらった。中身はシャレた洋菓子が多く、家に持って帰ると甘いものが好きな妻が、「この焼きパイ、不二家ホームパイの百倍くらい美味しいね！」などと、大絶賛していた。

そんな梅干野先生には、学習意欲が低い中国人学生中心のクラスを担当してもらった。雰囲気はいま一つだが、そういう生徒からは積極的な質問が出てこないぶん、かえって楽だろうと判断したのだ。

「まったく勉強しない学生と、放っておいても勉強する学生はひとまず横に置いてください。注意すべきは、その中間にいる層です。彼らへのアプローチがうまくいけば、授業のペースはつかめるはずです」

大雑把すぎるアドバイスだったが、梅干野先生はいちいち真剣にうなずいていた。

なお、ウズベキスタンなどの非漢字圏から来た学生は、漢字の筆順がたいていメチャクチャであり、これはなかなか直せない。たとえば、「田」という字を「口」や「己」の組み合わせで書きあげたりするのだ。それに対して、中国人留学生は筆順を熟知しており、手がかからないのが普通なのだが……梅干野先生が入ったクラスの中国人たちは、ウズベキスタン人ばりのデタラメな筆順をしていた。これには彼女も、ずいぶん仰天したようだ。

しかし、案ずるよりは産むが易しで、ノンビリしたところのある梅干野先生は、すぐにクラスへと溶け込んでいった。学生からの評判も上々であった。

もう、いい大学は無理ですよ

中国人学生といえば、大学進学を目標とする2年生クラスが、大きな壁にぶつかっていた。大学受験の考査に使われる「日本留学試験」のデキが一様に悪かったのだ。彼らは意気消沈し、教室の空気はよどみ切っていた。

EJUとも呼ばれる日本留学試験は、日本語、理科、総合科目、数学の4科目から、進学先が要求する科目を選んで受験する。西丘日本語学園では、日本語科目の対策のみをカリキュラムに組んでいた。

このレベルの勉強になると、課題の一つひとつをかみくだいて教えている余裕がない。たとえば、読解問題では、あまり一般的ではない専門用語もたくさん並ぶので、理解できる文章の断片から内容をつかむテクニックを習得させていく。けれども、そういう練習について来られる学生は、ほとんどいなかった。この手の勉強は、授業で学ぶというよりは、自宅で学習量をこなしながら慣れるべきなのだが、その絶対量が彼らには不足していた。

「シュさん、授業と関係ないテキストを開いてちゃダメだろう？　塾の宿題は家でやりなよ。あなたは〈東京〉と〈京都〉の聞き分けすらできないんだからさ、ちゃんと聞いてなきゃダメだぞ」

その日の私は、破れかぶれになっている学生たちを、何とか元気づけてやりたいと思っていた。そこで改めて「試験結果に一喜一憂せず、今までどおりに地道な努力を重ねるべし」と力説したのである。

「泣いても笑っても、なるようにしかならない。それを〈覚悟〉っていうんだよ。サムライが大事にしたのも覚悟なんだぜ」

「でも先生、もう、いい大学は無理ですよ。私、覚悟できませんね」

アニメ好きのソウがぶっきら棒にいった。周りの学生たちも「同感」といった顔をしていた。

ＥＪＵは年に2回しかおこなわれず、残されたワンチャンスで劇的な挽回を果たすのは、たしかに難しい。だからといって、低ランク大学へのくら替えを勧めても、彼らはさらに傷ついてしまうだけだろう。私は慎重に言葉を選んだ。

「ソウさんは、アニメの仕事がしたいんだよな？　だったら、無理に大学へいくことはないぜ。むしろ、専門学校のほうがいいかも知れない。職種によっては、専門学校のほうが近道なこともあるんだ。けれど、外国人がアニメーターで就労ビザをとるのは難しいぞ。日本で働きたいなら、どんな職業がビザを取りやすいのかも、調べておかなきゃダメだよ」

「専門学校はダメですよ。会社に入っても、もらえるお金が少ないですから」

ソウは口をとがらせて反論した。

「日本でも、中国でも、学歴は大いに役に立つ。でも、大卒ってだけで、何でもうまくいくワケじゃないぞ。そもそも、何のために働くのか、みんなは考えたことがあるのかな？」

「働くのは、お金がほしいからですよ。当たり前でしょ？」

「じゃあ、どうしてお金がほしいんだ？　着る、食べる、住むのに必要だからじゃないのか？では、シュさん。どうして衣・食・住は必要なんだろう？」

シュはつまらなそうな顔でテキストを閉じ、「着る、食べる、住むがなければ、死にます」と答えた。

「うん、生きるためだな？　それじゃ、リさん。どうして生きることは必要なんだ？　どうせみんな、死ぬんだぜ」

クラス一優秀な男子学生のリは、この質問に「う～ん」と唸ったまま頭を抱え込んでしまった。

「そこをシッカリ考えないと、学校も、仕事も、お金も意味がないぞ。進学や就職はゴールじゃないんだ。どうして、どうやって生きるのかが大事なんだよ」

するとソウが勢いよく手をあげた。

「じゃあ、私、大学に行くのをやめます！」

「はっ？　急にどうしたの」

「先生のいうことは正しいね。大学はいらないです」

「ちょっと待て。オレは、大学が不要だなんていってないぞ。なぜ進学するのか、どうして生きるのかという、大きなことを考えてみろといったんだよ」

「わかっています。私が進学するのは働くためです。働いてお金がほしいのは、楽をするためです。私は楽をするために生きています。大学に行くのは楽じゃない。よく考えたら、そこが間違っていました」

この突飛な意見に、私の頭はこんがらがってしまった。

かくして、シュ以外のクラス全員が大学をあきらめてしまったのは、それからほどなくのことだった。彼らはそろって専門学校志望に転向したのだ。その原因が、私の説教にあったことは間違いないだろう。私は青ざめたが、それを聞いた高梨先生は大笑いしていた。

こうして大学進学クラスは、事実上、瓦解したのである。

28 再任——あの人はまったくこたえない

雑務【ざつむ】 こまごました仕事。とるにたりない単純作業を意味することもある。日本語教員は、時間割・試験・成績表の作成や管理、副教材の準備、非常勤講師への連絡、課外活動企画、進学指導、校内美化といった雑務もこなす。

いわれたとおりの変人だった

私の講義ポリシーは「難しいことは簡単に、簡単なことは詳しく」である。

多くの学生が引っかかる理解しづらい学習項目は、短くまとめて終わらせてしまい、その反面、簡単だと思えるポイントは、関連知識をつけ加えて講義に幅をもたせる。

これは、理合いを重んじる武術の指導でも同じだ。難しい術理《じゅつり》を説明しすぎると、門弟はかえって混乱する。逆に単純な基本動作では、応用技術もあわせて紹介してやると、理解が一層深まるのである。

ちなみに私は、語彙の説明にも注意を払っている。教科書の副読本にある翻訳などは、意外とアテにならないからだ。たとえば「消息」の英訳が「レター」となっていたりするが、現代人は「消息不明」のように「行き先」や「居場所」の意味で理解していることが多い。それゆえ——本来の意味は「手紙」で間違いないのだが——レターなどと訳されると、どうもピンとこないのである。

こんな具合に、教員は誰でも、自分なりの経験や判断にしたがって授業を練っている。が、どんなこだわりを抱くにしろ、それはあくまでも学生をおもんばかった工夫でなければ意味がない。

しかし、元系列校の教員だった大村先生は、西丘日本語学園に着任すると、学生の理解をいっさいかえりみない授業を展開した。彼の講義は、超小声で教科書を読むのに終始し、生徒からの質問を拒否することすらあった。

また、猫背でもっそりした彼は、高梨先生がいっていたとおりの変人であり、「絶対評価」で統一されていた学期テストを、何の相談もなく「相対評価」に変えようともした。大村先生の意図は不明だったが、その独断に強く抗議すると、彼は下を向いたままブツブツつぶやいて、ちょっと薄気味悪かった。

なお、絶対評価とは、得点が一定基準に達しているかを評価する方法であり、もう一つの相対評価とは、生徒同士の成績比較から評価をくだす方法である。どちらがいいとは一概にいえないが、相対評価だと達成すべきレベルがうやむやになりがちのため、西丘日本語学園では絶対評価を採り入れていた。

大村先生でもう一つ困ったのは、講義以外の仕事をガンとしてやらなかったことだ。専任教員は教壇に立つのみならず、各教室の戸締り、電気の確認、簡単な掃除やゴミ捨てといった雑務も、毎日おこなわねばならない。むろん、進学指導などの学生相談にも応じる必要があるが、彼はこれらの業務を平然と無視した。当然、許される態度ではなかったけれど、東北なまりのふくみ声でゴニョゴニョいわれると、何となく追及するのが面倒になってしまった。

しかし、私のガマンが続くのはそう長いことではなかった。

「私も声が大きくなってすまうんだよ！」

大村先生には、成績上位者を集めて作った2年生クラスを任せた。「勉強ができない学生はイヤだ」という大村先生に向いていると踏んだのである。

しかし、彼のテキスト丸読み授業は学生から不評で、ベトナム人学生のギエムなどは「あの先生の授業はとても眠くて、ケータイのゲームもできなくなる」とぼやいていた。「ゲームするくらいなら寝てろ！」と一喝したが、私も大村先生の講義は「かつての古川先生よりひどいな」と思っていた。

さて、同クラスでは、教科書の切り替え時期が迫っており、新しいテキストを手配せねばならなかったけれど、ここでもまた一悶着が起こった。大村先生が、定番よりも難しい教科書の採用を主張したからだ。成績上位者を集めたクラスとはいえ、彼が使いたがった教科書は、相当にハードルの高いものだった。

大村先生以外の教員が一様に難色を示し、私はその旨を大村先生に伝えた。が、彼は真っ向から反発した。テキストの難易度がどうであれ、自分が使い慣れた教科書が認められないのは不当であり、また教務主任でもない私に意見されるのは心外だというのだ。「ふてぶてしいオッサンだな」と少し感心してしまったが、そんなことで尻尾を巻くワケにはいかなかった。

「大村先生。あなたの推す教科書では、学生がついて来られません。それがわかりませんか？今のあなたの授業も、学生のほぼ全員が居眠りをしています。もっと配慮や工夫が必要ですよ。テキスト選びは、その一歩です。自分が使いやすいとか、誰に意見されたくないとか、そういう問題じゃないと思います」

そういうやいなや、彼はガバッと立ちあがり、突然大声をあげた。

「バカにするなよぉ！　オマエに人のことがいえるか！　オマエは寝ている学生を教科書で小突き回している暴力教師だろうが、えっ？　それにな、オマエのパワハラで何人もの先生が辞めているって聞いてるぞぉ。違うのか！」

そこまでいわれては、私も平静ではいられない。「あらま」と不敵に笑って、伝法《でんぽう》な口調でなじり返してやった。

「暴力教師か……知っているんなら、話は早いや。アンタも暴行するくらいの労力払ってさ、学生を寝かせない授業をしてくださいよ。まっ、ご存じのとおりのパワハラ野郎ですから、覚悟をしてね。覚悟がねぇなら、今すぐ失せろ！」

「あ、あのですなぁ……アンタといると、私も声が大きくなってすまうんだよ！　なぜでしょうなぁ？　えっ！」

大村先生は左マユをケイレンさせながら、今どきめずらしいほどのズーズー弁であらがった。

「大声になってすまうだ？　男の更年期障害じゃねぇの？　私は先生でも、そっちの先生じゃねぇんだよ。心配なら病院へいけってんだ。保険証は持ったか！」

ハッとふり返ると、昼休憩から戻った林さんと、登校したばかりの高梨先生が遠巻きに眺めていた。林さんはそのまま黙って自席についたが、高梨先生はチョイチョイと手をふって私を呼び寄せた。

「山下先生、やってるねぇ。うん、あれでいいのよ。あの人はまったくこたえないからね、あのくらいが適当」

彼はニヤニヤと笑い、私の肩をポンポンとたたいた。

29 難民——よるべないシリア女性の境遇

JICA【じゃいか】 独立行政法人国際協力機構の略称。国際協力を目的とする外務省所管の機関。開発途上国の資金協力や技術援助、大規模災害の支援などもおこなう。「青年海外協力隊」というボランティア派遣で有名。

シリア難民の日本語セミナー

私の赴任後、学校は2度目の夏休みを迎えた。

金さんは学生募集が忙しいのを口実として、校務を投げ出すようになり、そのしわ寄せが私や林さんにきていた。父親の急死や奥さんの容態急変といった不幸続きだった金さんに同情し、さしあたり彼の仕事を代わってあげていたら、いつの間にかそれが当たり前になってしまったのだ。金さんが精魂をかたむけていた学生寮の掃除も、放ったらかしとなって久しかった。寮の見回りなどは林さんがやってくれたけれど、業務がずさんな清掃業者との交渉、消防署員による検査の立ち合いといったことは、すべて私が受け持った。そんなこんなで、いつもにも増してやるべきことが尽きぬ毎日だった。

そんなさなか、本部の竹村さんから「シリア難民のための出張授業にいってほしい」との指示が飛んできた。政府筋の仕事とのことで、依頼先は青年海外協力隊で知られるJICA《ジャイカ》だと教えられた。つかみどころのない話だったが、すぐさま、JICA職員を交えたミーティングに引っぱり出された。

「シリア難民の就労サポートを都内でおこないます。その際、随伴してくる彼らの配偶者を対象とした日本語セミナーを実施します。先生がたには、その講義をお願いしたいんです」

若い担当者は物腰やわらかく、説明も上手だったけれど、マバタキしながら白目をむく独特のクセが気になった。

「前年に用いたテキストを使っていただいても結構ですし、まったく別の教科書を使用されても構いません。日本での生活に必要な読み書きや会話を教えてあげてください。受講生はお子さんのいる主婦ですから、『わが子に伝えたくなるような日本文化の紹介』といった、語学以外の講義も歓迎します」

大村先生は下を向いたまま黙っていたので、私が口を開いた。

「わかりました。となると、複雑な文法の解説よりは、日常的なあいさつや、単語のおさらいをメインにしたほうがいいですね?」

「はい、そういう認識で構いません」

「文化紹介については、折り紙だとか、百円ショップでも買える筆ペンを使った年賀状書きとか、低予算でできる体験学習をしたらどうでしょう？」

「いいですね。よろしくお願いします。全5日間の講義ですので、その中に収まれば結構です。必要経費については、領収書を回してください」

そんな具合に、打ち合わせは気持ちよくパッパッと進んだ。

そのころ、イスラム過激派によるテロ事件が全世界の耳目を集めており、渦中にあるシリアは、私にとっても関心の深い国だった。また「受講生が全員女性」という点にもそそられて、私はがぜんヤル気が出た。「シリア女性ってどういう感じなのかな？」と、想像するだけでワクワクしたのだ。

日本語教師になった当初、実は女子学生が苦手だった。というのも、「若い女性の興味なんて、ファッションと芸能ゴシップだけだろう」との固定観念が強く、どうもなじめない気がしたからだ。が、案外、私は女子学生からのウケがよく、彼女らに対する偏見もすぐに改まった。

「日本の刀はカーブしているだろう？　でも、最初は真っ直ぐなんだぜ。真っ赤になるまで焼いて水の中に入れると、刃が変質し、自然の力で曲がるんだ」

そんな話をすると、男子学生よりも女子学生のほうが、はるかに熱心に聞き入っていた。また彼女らは、私の職業遍歴も面白がり、マスコミ、葬儀屋といった特殊な業界の裏話に強い好奇心を示した。

「山下先生はボウズだけど、イケメンだし、手裏剣もできる。スーパーマンみたいな人です！」

忍者ファンのソウなどは、そんなふうによく私を持ちあげた。見えみえのお世辞だったが、それでも仮面ライダーのごときヒーローになりたかった私は、まんざらでもない気分だった。ともあれ、私はすでに女子生徒アレルギーを克服しており、シリア女性を教えるのも楽しみだった。

講義レベルが低いので受けたくない

その翌週から、大村先生とともにＪＩＣＡの東京センターに通い始めた。受講生は総勢15人ほどで、初日のテスト結果をもとに、まずは成績上位者グループと下位者グループの２クラスに選別した。

大村先生はいつものごとく、「手間のかからない上位者を担当したい」と主張したため、私は下位のグループを引き受けることにした。

聴講者はみな若くて、年齢は20歳あたりからせいぜい30代前半までだった。風貌はヨーロッパ人に近く、ファッションモデルみたいな超美人が何人もいた。別府、神戸、足利といった全国各地から集まっており、彼女らは総じて英語にも堪能だった。

シリア女性は一様に「ヒジャブ」というスカーフを頭に巻いており、それをしていない受講生はたった1人しかいなかった。ヒジャブというと、あやしげな黒覆面を思い浮かべがちだが、現在は花柄などの華やかなデザインが一般的らしい。見慣れてくると、なかなか美しいものである。

私は「あいうえお」の練習を皮切りに、「ぶ」と「ぷ」の違いをツバの飛ばしかたで説明したりと、丁寧に発音矯正した。オーバーな表情で発音の差異を伝える私を、彼女らは大笑いしたが、期待以上に勉強熱心だった。

「授業の反応は、日本語学校の生徒たちとまったく同じだな」と安心し、講義のペースをつかめたと感じたころ、大村先生のクラスで問題が起こった。

セミナーの2日目だった。受講生らが大村先生の授業を拒否したのである。

JICA職員は弱りきった様子で、「講義レベルが低いので受けたくないといっています」と打ち明けた。受講生たちのいう講義レベルとは、学習内容を指しているのか、講師の教え方をいっているのか、定かではなかったが……彼女らのいいたいことはおおよそ察しがついた。

というのも、大村先生は、事前打ち合わせを無視するかのように「命令形」や「禁止形」といった動詞活用を暗記させるような教案を用意していたからだ。

「その内容じゃあ、先方の要望からズレるんじゃないですか？　大学や専門学校を受験する人たちじゃないんですよ」と、私は意見したが、大村先生は聞く耳を持たなかった。

ＪＩＣＡ担当者から「彼女たちは、実用的な言葉を勉強したいといっています」と聞き、私は急きょ「料理に使う道具一覧」や、焼く・炒める・蒸すといった調理用語のドリルを、持参した資料から見つくろった。

「彼女らが要望する〈実用的な言葉〉とは、日常的に使う語彙のことでしょう。既婚女性ですから、キッチンまわりの言葉をとりあげてみませんか？　それと、実用性からは離れますけれど、漢字のなりたちを学ぶテキストもここにあります。ホラ、〈人〉という字は人間の立ち姿から、〈大〉という字は、人間が両手を広げた形からできているといった初歩的な学習です。こういうのを使い、漢字への関心を深めるのもいいでしょう」

それを聞いた大村先生は、例のごとくモゾモゾと反論した。

「そんな簡単な言葉は、放っておいてもおぼえられますよ。日本での生活に必要なのは、命令形とか禁止形とかの構文理解なんです。『火事だ、逃げろ！』という命令形が理解できなくて、焼死した留学生がいるらしいんですな」

そういって彼は、手元のパソコンで外国人焼死事件を検索し、「これ、これ」と指さした。

「私はね、このままの授業でも問題ないと思いますよ」

大村先生は意見し終えると、何食わぬ顔で腕を組んだ。しかし、JICA職員はたまりかねた表情で、白目をまたたかせながら大村先生に迫った。

「大村先生のおっしゃることは、ごもっともです。しかし、彼女らの声に照らして考えれば、山下先生のご提案も試してみるべきでしょう!」

大村先生は気おされ、しばらくゴニョゴニョとつぶやいていたが、さすがに資料をつき返してはこなかった。

難民主婦がいだく不安

それ以降はつつがなく日程を終え、最終日は「歌唱」と「書道」の体験授業を実施した。歌唱では、星野源というマルチタレントの作った『くだらないの中に』という流行歌を取りあげた。「恋人とのくだらないたわむれにこそ、本当の幸せがある」といった歌詞である。

難民主婦がいだく不安の一つは、母国を知らないわが子が、日本と同化していく姿だという。息子や娘は、自分たちよりも日本語がペラペラになる反面、自国語があやふやになってしまう。また、故郷への関心も低くなる。だから、母国に平和が戻ったとしても、子どもの将来を考えれば、おいそれと帰れない……そんなよるべない彼女らの境遇を聞き、パッと選んだ一曲だった。

最初は恥ずかしがっていたが、何度もくり返し流すうちに、彼女らはおずおずと歌い出し、最後は大コーラスとなった。「松田聖子が好きだけど、この歌も練習します」といって、ずいぶん気に入ってくれた受講生もいた。

また書道では、極太の毛筆で1本線をひく練習からスタートした。

運筆《うんぴつ》は、早すぎると線がかすれ、遅すぎると線がにじむ。それゆえ、呼吸を整え、深い腹力をもって澄んだ線を描くのが基本である。これは、直心影流の皆伝者でもあった大学の先生から習った禅書道の極意だ。

私自身は家族もあきれるほどの悪筆だが、その禅書道家だけは「あなたの字は遠慮がなくて大したものだ」とたびたび絶賛してくれた。やや引っかかりのあるホメ言葉だったけれど、その高評を信じて、私は自筆を手本として示した。

その後は、台湾の書家による「忍」の掛け軸を見せ、それも習字させた。できあがった作品には、私の作った落款《らっかん》を押し、それぞれ記念品として手渡した。受講生からも、私の名前をアラビア語でつづったまくり（表装されていない書画）を返礼され、ちょっとした感動のうちに全講義は終了した。

ホッとして教室の後片付けをしていると、いつもは黙って先に帰ってしまう大村先生が、ひょっこりと顔を出した。

「歌ったり、習字をしたり、大変でしたな。私のクラスでも歌いたい、習字をしたいといわれてね。でも、私はそういうのが苦手だからさ、パソコンで見つけた『ブルー・ライト・ヨコハマ』を聴かせてやりましたよ」

こちらは何もいっていないのに、なぜかいいワケがましい口調で、大村先生は一気にしゃべった。何と返事するべきか迷ったが、「先生はブルー・ライト・ヨコハマがお好きなんですか？」と話をふってみた。幸い、大村先生はその言葉をすげなく無視し、「じゃあ、お疲れさまでした」と頭をさげて帰っていった。

何の前ぶれもなく声をかけてきた大村先生の心中は測りかねたが、「無口な彼にも、当然、悩みとか不安はあるんだろうな」とうっすら感じた。

ブルー・ライト・ヨコハマか……なるほど、名曲だな。

30 出願——いきたい学校が決まらない

入学願書【にゅうがくがんしょ】　入学試験を受けるのに必要な申請書類。留学生は志願票、履歴書、経費支弁書、選考料振込み用紙、健康診断書、推薦書のほか、日本語学校の出席率・成績証明書、母国卒業証書などを提出する。

あいまいな難民認定基準

「ＪＩＣＡの出張授業をひき受けたんだって？　どうだった？」

夏休み明け。数週間ぶりに顔を合わせた高梨先生が、シリア難民の日本語セミナーについてたずねてきた。

「みんな勉強熱心でしたし、外国映画に出てきそうな超美人に囲まれましたよ。まっ、それはさておき、教員として本当にいい勉強になりました。高梨先生は断ったそうですけど、どうしてですか？」

本部の竹村さんが「高梨先生にはにべもなく断られました」と、眉を曇らせていたのを思い出して聞いた。

「冗談じゃないよ！　あのタケの野郎。学校以外の仕事まで押しつけやがってさ。それなら、ギャラを上乗せしろってんだ！」

高梨先生は、相変わらず口さがなかった。

「しかしね、難民っていえばさ、オレの教え子に難民申請した学生がいたのよ。デタラメな届け出だったのに、それがなんと通っちゃってさ」

高梨先生は、いかにもおかしそうにクックックッと笑い、興味深い話を続けた。

現在、日本の難民認定率は1パーセントをはるかに下回る。諸外国と比べると、鎖国時代のままといっていいような受け入れ状態だ。しかも、わが国の難民認定基準は非常にあいまいであり、考査の内情は実質的に非公開である。

高梨先生が語った学生は、留学ビザにある「28時間の就労制限」の解除をねらい、軽い気持ちで難民申請したのだけれど、それが正式に許可されてしまったらしい。

「そいつ、最初は大喜びしてたのよ。でも難民になっちゃったら、里帰りができないんだよね。『どうしよう』って泣きついてきてさ……バカだ、バカ」

そんな雑談が、新学期の幕開けだった。

頭がグルグルしておかしいです

スリランカ人学生のアリクは、教務ブースによく差し入れをした。彼は宗教上の理由から豚肉を口にできないため、アルバイト先でもらったカツ丼を、時たま私に寄こしたのである。

スリランカ風ツナサンドを作ってきてくれたこともあった。そのサンドイッチは大量のコショウが入ったシロモノで、ちょっとパクついただけでも、唇がマヒしたようにヒリついてしまった。

「スリランカ料理はずいぶんと辛いね。やはりインド料理に近いのかな？」

そんなふうに感想を述べると、「インドのはダメです。カレーでも何でも、スリランカのほうがずっと美味しいよ！」とむきになって私をにらんだ。

スリランカ人学生の十中八九が、インドに強い対抗心を示す。それはおそらく、韓国人と日本人の間にある近親憎悪的な感情なのかも知れない。なかんずく、カレーに対するスリランカ人の自負心は強烈だった。

このアリクは勤勉なわりに、成績が今ひとつふるわなかった。実直すぎて、何をするにも要領が悪かったからだ。本人もそれを自覚してか、ずいぶんと早い時期から進学情報の収集に余念がなかった。

スリランカ人ネットワークから新情報を得るたびに、彼はその学校の案内書を私に求めた。

手元に資料がなければ、そのつど、とり寄せてやっていたが、アリクにはすでに数えきれないほどの募集要項を手渡していた。

「なぁ、そろそろ学校をセレクトしろよ。いきたい学校がトゥー・マッチだと、結局、どこにもいけないぞ。通う学校は一つなんだからさ」

そう忠告しても、「大丈夫です。問題ありません」といって、彼はまた別の学校のパンフレットをほしがるのだった。

「毎年いるんだよね、学校案内を集めるのが趣味みたいになる学生がさ。集めることで安心するみたいだけど、それって現実逃避の一つなんだ。無意味だよ」

私たちのやり取りを見かねた高梨先生が、ため息をついていった。

さて、さらにもう一人、サイという勤勉なネパール人学生も、アリクのように志望校をしぼり切れずにいた。彼は、私が担当するクラスから外れてしまったこともあり、顔を合わせる機会が減っていたが、まれに進学相談にあらわれた。しかし、ある時から「私、頭がグルグルしておかしいです」と、不可解なことを口走るようになっていた。

ちょっと気にはなったものの、ネパール人特有のほんわかした微笑を浮かべていたので、私はさほど深刻に考えなかった。

「頭がおかしけりゃあ、勉強してなおすしかないね」

そういって笑い飛ばしたが、サイの体調不良は本当だった。この見落としが、思いがけぬ事態へと発展したのである。

出席率が規定条件に達していない

ところで、ヘビースモーカー女子のオウは、西丘日本語学園にほど近いビジネス専門学校を志望していた。そこは、留学生で持ちこたえている小さな学校だったが、安い学費と好アクセスで、外国人からは人気が高かった。オウの学力からすれば合格は固いと思われたけれども、残念なことに彼女の出席率は悪く、書類が受理されない可能性があった。

その学校の募集要項には、出席率のボーダーラインが明記されていなかったこともあり、私は、同校の理事長に直接電話を入れることにした。その理事長とは「進学担当者説明会」という相談会で、名刺交換をしていたのだ。

「遠慮なく連絡をくださいよ。近いんだからさ、仲良くやりましょう!」

やたらと人当たりのいい人物で、もらった名刺の肩書きを見ると「元市議会員」とあった。それをながめつつ、「なるほど。こういう調子のいい人が、市議になるんだな」と、合点がいった。そして、いざ電話をすると、彼の歯切れのいい口調は、やはり以前とまったく変わらなかった。

「うん、大丈夫ですよ！　その出席率、ご成績なら、問題はありません。どうぞご出願ください。お待ちしています！」

期待以上に気持ちいい太鼓判を押してもらったので、私はオウの出願準備に取りかかった。

けれども、この理事長がとんだくわせ者だった。

その専門学校は募集定員がわずかであり、出願期間はたったの1日であった。郵送による出願は原則不可、学校窓口へ直接提出せねばならなかった。だから、外国人留学生数が過去最高となったその年は、朝に並んだ志願者が昼を過ぎても待たされ続けるという長蛇の列ができてしまった。

行列に加わったオウから「書類を受け取ってもらえなかった」との連絡が入ったのは、夕方近くのことだった。電話を受けた林さんによれば、「出席率が規定条件に達していない」と、願書を突き返されたのだという。

「そんなはずありませんよ！　何かの間違いです。あの学校の理事長に直接確認したんですから！」

そういうや否や、私は受話器を引っつかんで、当の理事長にダイヤルした。こちらが一連の事情を話すと、あれほどハイテンションだった理事長は、しょんぼりした声で謝り始めた。

「いや、今年はすごい受験者数でしてね。それで大変申し訳ないんですけれど……オウさんの出席率ではお受けできなくなりました」

私は、めまいがするような怒りに震えた。

「あのね、こっちは念押しして出願したんですよ。忘れちゃいませんよね？」

「もちろん、おぼえています。しかし、学校としては、みなさん平等に対応しないといけないんですよ」

「平等どころの話じゃないでしょう！　私が慎重に確認したうえで、生徒本人が長い行列に並び、その挙句にハネられたんですよ！　踏んだり蹴ったりじゃないですか？　責任を持って受理してください」

私はすでにケンカ腰だった。理事長は、「もう一度相談してお返事します」といって電話を切ったが、翌日「やはり受理できません」と返答してきた。

「あなたがたに裏切られた学生の気持ちを、よくよく考えられたんでしょうね？　これは教育機関として、あるまじき不手際ですよ」

私は納得できず、なおもやり込めた。

「不手際じゃないんです。職員同士の情報伝達が不充分だっただけです」

「その情報伝達の不充分を、不手際と申しているんですよ！　まっ、不充分でも、不手際でも同じです。学生本人に謝罪文を書くか、直接謝罪してください！」

私は吐き捨てるようにいった。

するとその数時間後、くだんの理事長が出し抜けにあらわれ、「オウさん、いらっしゃいますか？　おわびにうかがいました」と、大きな菓子折りをさし出してきた。私は進学相談に追われていたので、事務の林さんが授業中のオウを呼んでくれた。

それからしばらくして、面談を終えたらしいオウが、私のもとへやってきた。

「どうだった？　あのオッちゃん、何かいっていたか？」

「先生、ありがとう。ずいぶんと偉い人を呼んだね。たくさん謝っていて、ちょっとかわいそうだったよ」

「かわいそうじゃないよ。受験ができなくなったオウさんのほうが、ズッとかわいそうだろう。すまなかったな」

そういうと、オウは「そうね」といって、シクシク泣くふりをした。

「おい、シクシクじゃないだろう？　そもそもは、あなたが真面目に出席しないのが悪いんだぞ。いつもいってるよな？　出席率は大事だって！」

オウは指先をひらひらと振り、「オッケイ。授業に戻ります。出席率は大事よね～」と、ふざけながら教室へ入っていった。

31 転落——行方をくらませた留学生

不法就労【ふほうしゅうろう】 不法な入国者や残留者による労働と、許可範囲を超えた労働。就労者のみならず、雇用者や仲介者も罰せられる。なお、留学ビザは就労不可の査証だが、資格外活動許可によりアルバイトが可能となる。

この際、どんな生徒でも歓迎します

2度目の10月期生を迎え入れるシーズンとなった。そのからみで、事務の林さんは、席を外すことが多くなっていた。

その時期、さまざまな電話がかかってきたが、大村先生と金さんは決して受話器をとろうとしなかった。だから、林さんがいない時は、私一人が電話対応をした。

学生たちのケータイ料金に関する督促《とくそく》、受水槽故障を放置したための何十万円という水道料金請求……そういったろくでもない内容が多かったけれど、たまには専門学校の売り込みも舞い込んできた。

「大雨で学校が水没し、次年度の学生募集がままなりません。定員割れが起こりそうなので、この際、どんな生徒でも歓迎します。ご一考いただけませんか?」

栃木県の専門学校から来たこの連絡に「朗報!」と飛びついたはいいが、結果は散々だった。

「話が違うでしょう? 受験した学生は、2人とも不合格でしたよ!」

「すみません。しかし、当校は、名前が書けただけでも10点はつけるんです」

「それが何です? こっちがほしいのは点数じゃなくて、合格通知なんです!」

「ご受験いただいたそちらの学生さんは、10点と12点だったんです。つまり、実質的には0問と、1問しか解けなかったワケで……」

聞いていて、さすがに恥ずかしくなったが、「でも、約束は約束でしょう?」と、しばらく水かけ論を展開した。

そんな気ぜわしいなかで、ようやく専任教員2人の採用が新たに決まった。しかも、そのうち1人は、待ちに待った教務主任だという。そのころの私は、ヨウという中国人講習生のマンツーマン授業も抱えており、またもや過労にあえいでいたから、この教員補充の知らせには心底ホッとした。

「ダメでしゅ。西丘は非適正校になりました」

さて、西丘日本語学園は入管の死角をつくように「適正校」の座を死守してきたが、ついにその虚構が崩れ去る時がやってきた。

法務省告示に基づく適正校選定結果が通知されたのは、卒業生のブーミンが遊びに来ていた日だった。彼は、自分が通っている専門学校について、タラタラと不満を並べたてていた。

「やっぱり、山下先生はジョウセツテキでしたよ」

「常設的？　いつも学校にいるってことか？」

「違います。一生懸命に頑張っている……ジョウセツテキですよ」

「あぁ、情熱的ね。しかし、私みたいのは『泡を食っている』っていうんだぜ」

「そうです。泡を食っているいい先生ですよ。いま行っている学校の先生がたは、生徒の勉強なんて、どうでもいいね。学費を払ったか・払わないか、それだけよ。中国人の先生がいますけれど、その人なんか日本語が話せません。困るでしょ？　西丘が懐かしいよ」

ブーミンは、都内にある悪名高い専門学校に進んだが、その内情はウワサ以上にひどいらしかった。それでも、ウズベキスタン人のあっけらかんとした口調で語られると、それはそれで楽しそうに聞こえた。

そんな立ち話をしている最中、金さんが早足で通りかかった。ブーミンが「あっ、金さん。

元気ですか？」とあいさつをしても、彼はチラリと目を動したのみで素通りした。

「せわしないな。ウロウロしたって、どうにもならないんですけどね」

林さんがクスっと笑った。金さんは前日から落ち着かず、適正校の選定通知を、今か今かと待ちわびていたのである。その時、郵便配達のバイク音が聞こえてきた。同時に、金さんがダダダッとエントランスに駆け下りる足音が響いた。

それから30分もしたころ、金さんがフラフラッと職員ブースに入ってきて、「はぁぁぁ」と深いため息をついた。

「ダメでしゅ。最悪です。西丘は非適正校になりました」

金さんは泣き出しそうな表情で、「ダメでしゅ、ダメでしゅ」とくり返しつぶやいた。予期していたこととはいえ、私も少しショックだった。

「金さん、こんなヤワな体制で切り盛りしてきたんです。われわれには何の非もありませんよ。今後は足場を固めながら、適正校への復活をめざしましょう！」

私はそう元気づけた。非適正校に落ちたことは、学校経営を考えれば大打撃だが、西丘日本語学園の実情からすれば、当然の結果といえた。

なお、非適正校になったとしても、3年以内に「基準に見合った運営がなされている」と認められれば、再び適正校へと返り咲ける。非適正校になったからといって、そのまますぐに業務停止となるワケではないのだ。

けれども、金さんは何も答えず、ヨロヨロと喫煙所へ下りていった。非適正校となった学校は、ビザ更新の不都合などを理由に、留学生やエージェントから敬遠されがちだ。そのため、入学者数が極端に減るのである。学生募集担当の金さんは、そのことで絶望的となったらしい。間の悪いことに、専任教員2人の増員が決定したばかりで、そこへ学生数が減るとなれば、半年も待たずに人員余剰となるはずだ。

「とすると、必ずまたリストラがおこなわれるだろう」との不安がよぎった。

授業も、アルバイトもできなくなりました

その週末、「ネパール人学生のサイが長期欠席している」と、林さんに聞かされた。彼のクラス担任は大村先生だったため、私はサイにずっとノータッチだった。だから、優秀だった彼の出席率が、ビザ更新も危ういほどに低下していると知った時はかなり慌てた。階段を駆けのぼり、サイの寮室へと直行すると、はたしてサイはベッドに寝そべっていた。

「サイさん！　アンタ今、授業中だろう？」

「はい、先生。私、頭がおかしいので、休んでいます」

サイはノロノロと起きあがって、あいまいな笑みを浮かべた。

「受験をひかえた大事な時期だぞ。寝るんなら、教室で寝ろ！」

「ダメです。教室は、みんなの声がたくさんするからイヤです」

要領を得ないサイの返事を無視し、私は彼を部屋から引きずり出した。ところが、いつもは従順なサイが「聞いてください！　聞いてください！」といい張り、とうとう廊下の柱にしがみついてしまったのだ。さすがに根負けし、とりあえず授業のない教室へと連れ出して、彼が落ち着くのを待ってから話を聞くことにした。

「私、ズーっと頭が痛いです。電車に乗ると、人の声が怖くなる。寝ると、不思議な音がする。だから、授業もアルバイトもできなくなりました」

そういって涙を流して語る彼の姿に、私はぼう然としていた。サイは何か月も前から耳鳴りに悩まされており、アルバイトも辞めてしまったというのだ。クラスメイトや他校のネパール人から、総額50万円以上の借金をしているとの話にもたじろいだ。

「何で相談しないんだよ！　まずは病院にいかなきゃダメだろう？」

「私、金さんにいいました。でも、変わらないです。私、ネパールに帰ったら幸せがない。日本にいたいです」

嗚咽をもらすサイを前にして、私の目頭も熱くなっていた。

「とにかくこのままじゃあ、もっと大変になるぞ。すぐに病院にいこう。私は授業があるから、金さんと一緒にいきなさい。お金の話はその後だ！」

サイをいったん寮に帰し、私はその足で金さんのもとへ走った。

「ちょっと金さん！　どうしてサイさんを放っておいたんですか？　借金が50万円以上もあるって話、あなた、聞いていたんですか？」

金さんは、グミをグニャグニャかみながら、素っ気なく答えた。

「違いますよ。サイさんの借金は100万円近いらしいね。彼、精神病院にいかなきゃダメでしょ？　頭の病気みたいだから」

「違うよ！　耳鳴りがするってんだから、脳腫瘍《のうしゅよう》なんかも疑うべきです。脳神経外科がいいでしょう。早急に対処しないと、とり返しがつかなくなりますよ！」

「そうでしゅ！　オッケー。脳神経外科ですね。それを考えていました。私、連れていくよ」

金さんは、慌てて病院への付き添いを約束したが、結局、当日中には対応せず、そのままサイは姿をくらましてしまった。

サイの居所がわかったのは、2か月近くたってからだった。千葉の食品工場で働いていたのだ。不法就労に敏感なアルバイト先の協力で、意外と早く見つけ出せたが、学校に連れ戻されてきた彼は、まるで別人だった。猜疑心の強い、イヤな目をしていたのである。

32 見学――学生と一緒に押しかけてみよう

オープンキャンパス【おーぷんきゃんぱす】 入学志願者などに学校を開放すること。施設見学、説明会、個別相談、体験授業のほか、過去入試問題や記念品を配布したりもする。出願条件にオープンキャンパスへの参加を掲げる学校もある。

時代はラブ・アンド・ピースです

10月期生の入学式が挙行された。その期の入学生は全員中国人だった。入学時におこなうテストの平均点は過去最高であり、今までの生徒とは目つきからして違った。瞳の色が澄んでいて明るく、育ちの良さがヒシヒシと伝わってきたのだ。

前回入学の4月生には、半年たっても「あいうえお」が読み書きできない者がおり、そのうち2人は、この新クラスに落とすことになっていた。けれども、入国間もない新入生のほうが、はるかに日本語力が高かった。

新入生はおとなしいながらも、雑談にはよく応じ、人なつっこい一面もあった。初授業で

「カンフーをやっている人はいないの？」とたずねたら、酒が好きだという年長のチョウが、拳法を演武してくれた。巨体に見合わぬ身軽さで蹴り技などをくり出していたが、彼以外の学生は、武術経験がないとのことだった。

「日本人といえば剣道、柔道、空手だろう？　中国人といえばカンフーじゃないか。何でカンフーをやらないんだよ？」

「先生。時代はラブ・アンド・ピースです。カンフーは古いです」と、逆にたしなめられた。

定員割れの専門学校

その一方、2年生の進学指導は、遅々として進まなかった。教員向けの学校説明会などにこぞって参加してみたけれど、外国人留学生の急増と入管の監視強化により、どこも狭き門となっていることを確認したのみだった。

それから間もなくして、高梨先生から「受験生が集まらないで困っている」という専門学校の情報がもたらされた。留学生管理のずさんさが明るみとなり、ニュースにもなった大学の系列校が、そのスキャンダルの影響で定員割れを起こしているというのだ。

「山下先生、アタックしなよ。学生と一緒に押しかければ、相手も無下にはできないよ。今後のパイプにもなるだろうからさ」

高梨先生のいうことはもっともだと思い、早速アポイントメントをとった。

「進学先がまだ決まっていない人は、オレと一緒にあいさつにいこうぜ。その学校は今、入るのがとても簡単なんだって。チャンスだぞ！」

平均学力がもっとも低いスリランカ人クラスで、私は決起を呼びかけた。

「その専門学校、知っています。ネットで見ました。悪いことをした学校です」

スリランカ勢では上位成績者のナサルが、顔をしかめていった。

「悪いことをしたのはそのグループの大学なんだよ。まぁ、無関係じゃないけれどさ。たぶん大丈夫だ」

結局、ナサルを含めたスリランカ人学生らと、中国人女学生のオウを加えた計15人を同行して、学校訪問した。バスと電車を乗り継いでいったが、バス停ではオウがタバコを吸いに姿をくらまし、駅のホームではおにぎりを買いにいったナサルが一時行方不明になった。

「もう少し緊張しろって！　タバコとか、おにぎりとか、ガマンできねぇのか？」

「心配ないです。学校に着いたら、タバコを吸わない、おにぎりも食べない」

友人からの借りものらしく、見るからにきつそうなスーツを着たナサルが、したり顔でうなずいた。

「当然だよ！　それとな、ナサルさん。唇におにぎりのノリがついているぞ！」

問題がないかどうかは、あっちが決めるんだ

専門学校に到着すると、教務室わきのミーティングスペースに通された。

「これから学校説明をいたします。中国、スリランカのスタッフがおりますので、それぞれ通訳をおつけしましょうか？」

担当教員は、そういって私の顔を見た。私が「ええ、お願いします」と頭をさげると、オウがすかさず「あっ、私はいらないね。日本語でいいです」と手をあげた。それを見たナサルも負けじと「私もいらない。日本語でお願いします」と意地を張った。結局、ほかの学生たちもそれにならい、「通訳は不要」と全員が突っぱねてしまった。

「おう、これは素晴らしい学生さんたちですね」とニコニコする担当者に、私は力なく笑った。学生と一緒にガイダンスを受けたところ、「定員割れが深刻だったのは先月までで、次回の入試では合否基準を元に戻す」との話だった。

ガクッと力が抜けたが、その説明が理解できたのはオウとナサルだけらしい。そのほかの学生は聞き取れなかった様子で、みな無表情であった。「翻訳なしのおかげで、ブーイングをまぬがれたな」と、私はこっそり安堵した。

「うちは作文を重視します。料理、季節、店、交通などをテーマにした『母国と日本の比較』が毎回課題になっています。先生は、そのあたりを指導してあげてください」

そのアドバイスに血路を見いだした私は、スリランカ、中国、ベトナム、ネパールの各バージョンで作文例を書き、それを受験する学生たちに配布した。

「自分で作文が書けないヤツは、これを暗記しろ！　とにかく白紙にするな！」

しかし、私の努力もむなしく、合格したのはオウとナサルだけだった。


「タバコを吸わない、おにぎりも食べない、正しくあいさつもした。それでも私はダメでした。山下先生、なぜですか？」

思いつめた顔をしたアリクが、私にカツ丼を差し出しながらたずねてきた。

「オレの作文をおぼえて、ちゃんと書いたか？」

「書きました。問題はなかった」

「問題がないかどうかは、あっちが決めるんだ。たぶん問題があったんだろうな」

私は他校の入学要綱をアリクに手渡し、カツ丼弁当のフタを手早く外した。

「そのパンフレットの学校な、今なら、入るのが簡単らしいぞ」

「先生……本当ですか？　この前もそういったよ」

アリクは情けない顔をして、冊子に目を落とした。

私は黙って弁当をかっ込んだ。

33 増員——新しくやってきた専任教員

学生カルテ【がくせいかるて】 学生の個別記録。氏名、学籍番号、性別、出身地、学歴、家族構成といった情報や、パスポートコピー、在留カードコピー、テスト成績、指導記録などをファイリングしてある。

全校生徒を対象に生活相談

耳鳴りに悩んでいたサイを放置してしまった反省から、全学生を対象とした定期的な学生相談を提案した。授業、進学、アルバイト、健康に関するヒアリングや、学校への要望調査を、3～4か月に1回実施するのだ。それらは学生カルテという記録に残し、緊急課題が見つかれば職員全員ですみやかに対応する。

これは、たいていの学校でおこなわれている取り組みだが、金さんは難色を示した。

「こういうことを聞き出すのは、学生のプライベート侵害にあたりましぇんか？　私は反対だな」

「これがプライバシーの侵害なら、侵害なしに教育はできませんよ。放ったらかしにするよりはマシでしょう？　いまサイさんはどうなっていますか？」

私がそういうと、金さんは黙り込んだ。

かくして第1回目の生活相談は、金さんと私のペアでおこなうことになった。授業中に学生一人ひとりを呼び出して話を聞くのだが、金さんの集中力が持続したのは最初の2人までで、それ以降はペンを回して遊び始めた。

2日目になると、金さんは多忙を理由に面談に加わらなくなった。むろん、面接は続行したけれど、100人以上いる全校生徒を私1人で対応するのはつらかった。そこで次回の面談からは、専任教員が担任クラスを聴収するように改めた。採用された教員2人が着任してくれば、総勢4人で手分けできる。

気がかりだったのは、授業以外の校務から逃げ回っている大村先生だったが、これはもう、新しい教務主任に対応してもらうしかないと思った。

人気抜群のハン先生

さて、新しくやってきた専任教員たちは、実にまともな人たちだった。奇異な言動は見受けられず、言外ににじむ負のオーラも感じなかった。教務主任の小沢先生は、どこの職場にもいそうなオジさんであり、あえていえば、官僚的なそっけなさが特徴だった。

新卒のハン先生は、前髪をビシッとそろえた中国人女性であった。

ただし、彼女の「パーソナルスペース」……いわゆる対人距離の近さは衝撃的で、相手が男性であっても顔や体をピッタリと寄せて話すクセがあった。おでこをつけるようにパソコン画面を見ていたから、きっと視力が悪いのだろうけれど、その無防備さにはかなりドギマギさせられた。

「お話しする時、ちょっと近すぎませんか？　若くておキレイなんですから、もう少し用心したほうがいいですよ。バカな男は、誤解しちゃうかも知れません」

「いいえ、私はもう若くありません。それこそ誤解です」

日本語が完ぺきではない外国人なのと、真面目過ぎるたちゆえか、彼女からはピントの外れた答えがよく返ってきた。

ハン先生ファンの男子学生が急増したが、大村先生も隠れファンの1人とおぼしかった。彼女の赴任以来、無気力だった大村先生の態度は一変し、なかなか多弁で積極的になったのだ。

そして懸案だった生活相談の件も、彼は素直に応じた。

そんな人気抜群のハン先生だったが、初めての教壇にとても緊張しており、いちばんの古株専任である私に、ちょくちょくアドバイスを求めてきた。

「ハン先生。経験の有無なんて気分だけの問題ですよ。新人だろうが、ベテランだろうが、学生からすれば同じ先生なんです。いいワケは通じません。そのぶん、遠慮もいりませんから、思いっきりやってください」

「でも、判断に迷うことがいっぱいあるんです。不安ですよ」

「判断はね、その場、その場で下すしかありません。間違ってもいいんです。即断、即決が重要です。政治家みたいに白黒つかないことをいってごまかすのが、いちばん信用をなくします」

「間違ってもいいんですか？」

「いいんです。謝れば済むんです。済まなかった時には、相談してください」

こういった短絡的な意見が、純粋なハン先生の心に響いたらしい。その後も、ハン先生がつめ寄って質問してくるたびに、私はのけぞりながら応談した。

「中国の学生たちは、母語での説明を求めてくるんです。でも、私は日本語だけで授業を進めたいんですよ」

「えっ？　どうして中国語を使わないんですか？」

「はっ？　だって、山下先生も日本語で教えているんじゃないの？」

「そりゃあ、日本語しかしゃべれないからですよ。たしかに日本語学校は、日本語で教える

〈直接法〉が基本です。でもね、学生たちの母国語で教える〈間接法〉を採り入れている教員だっていますよ。間接法は効率よく教えられるし、飲み込みの悪い生徒のフォローもしやすい。その利点を活かしたらどうです？」

私は思いついたことを口にしたまでだったが、彼女はハッと瞠目《どうもく》し、そのまま固まってしまった。

その翌日、ハン先生のクラスからは、中国語しか聞こえてこなかった。私のとなりに座った小沢先生は、「バリバリの間接法だなぁ。何語の勉強だか、わかんないね」と鼻で笑い、やや官僚的にメガネを押しあげた。

34 内紛――信じた結果がこれだから！

申請等取次制度【しんせいとうとりつぎせいど】　入国や在留に関する書類提出を本人に代わっておこなう仕組み。外国人を受け入れる企業や教育機関の関係者、旅行業者などは、研修会参加により申請等取次の承認が受けられる。

「申請等取次者証明書」の取得準備

日本語学校の学生はよほどの理由がない限り、ビザ更新を学校に委託する。その書類を、地方出入国在留管理局に提出するのは「申請等取次者証明書」を持つ職員である。この業務資格は、日本語学校の関係者であれば誰でも簡単に取得できるけれど、1日がかりの研修を受講し、その修了証書に必要書類を添えて入管に届け出る必要がある。

私は金さんに、この申請等取次者証明書を取得するようにと頼まれていた。

「ふざけんなよ！　この忙しい時に、取次申請までも教員に押しつけようっての？　山下先生、絶対に断ったほうがいい！」

いきさつを聞いた高梨先生が、声を荒げて反対した。しかし、私は後学《こうがく》のためにもこの研修に参加したいと思っていた。必要経費は学校持ちだし、入管に関する最新情報を入手できるようなので、のぞいてみたかったのだ。

「ふーん。まっ、ムダを経験するのも勉強のうちだね。でもさ、ほどほどにしておかないと、そのうち辛抱できなくなるよ」

高梨先生はそういって笑ったが、学校のかけ持ちで疲れているのか、その横顔は少し弱々しく見えた。

「イヤだ！　話が違うだろう？」

新しく配属された小沢先生もグループ校をかけ持ちしており、西丘日本語学園に週3日、残りの2日は他グループ校に出勤していた。これは、彼が希望している千葉校への転属を踏まえての措置らしい。

「小沢先生も、形ばかりの教務主任だったか……」と、私は肩を落としたが、その後すぐに、人事を担当している竹村さんから「何とか手を打ちます」と伝えられた。そして実際、竹村さんと社長がそろって学校にあらわれ、現場の意見や要望を聴収し、人員配置の調整を始めたのである。

「山下先生。高梨先生がこの学校の教務主任になるというプランがあるんですが、それをどう思われますか？」

久しぶりに顔を合わせた竹村さんは、ニコニコ顔で切り出した。

「高梨先生は進学指導にも強いですし、何といっても行動力があります。私は大賛成ですけれど、高梨先生が納得されますかね？　ここまでの通勤に2時間はかかるって、よく嘆いていますよ」

高梨先生が頼りになるというのは本心だったが、同時にかなり微妙な提案だなとも感じていた。

女性の煮え切らない態度をバイキンのように嫌う高梨先生は、非常勤講師の梅干野先生や新任のハン先生との相性が悪く、反目を深めていたからだ。

また高梨先生は、彼が教務主任を務めている三鷹国際スクールに強い愛着心があり、そこから完全にひき離すとなると、相当に反発しそうだった。

「三鷹の件なら、心配はいりません。高梨先生とはこの後、充分に話し合います」

そうしめくくったのは、横にいた谷川社長だった。

「高梨先生は気難しい一面もありますけれど、A型ですからね。行動修正能力が高いんです。大丈夫ですよ」と、お得意の血液型占いを、自信タップリに語った。

「オレだってA型だけれど、行動修正能力なんて感じたことはないぜ」

私はそんな感想をいだきつつ、その場は黙ってうなずくしかなかった。

果たして、私の胸騒ぎは的中した。ややあってから、私の後に呼び出された高梨先生が、耳をつんざくような怒号をあげたのである。

「イヤだ！　イヤだ！　イヤだ！　話が違うだろう？　最初は、ちょこっとヘルプしてください。次は授業数を増やしてください。今度は学校を変わりなさいだって？　アンタら、ふざけんなよ！　勝手すぎるだろう！」

高梨先生は真っ赤なエビス顔をして、職員ブースにかけ戻ってきた。

むろん、いつものような軽口はいっさいなかった。

A型の行動修正能力？

「三鷹の再建をずっと信じてきたんだ。それで、新しいエージェントを社長に紹介してやったこともある。でも、その学生たちは、全部西丘へ回されたよ。タケのバカは、『三鷹国際スクールは非適正校だから、今は西丘に力を入れたい』なんていいやがった。でも今じゃあ、その西丘も非適正校だろう？　今日は今日で、大村先生を三鷹の主任にするってホザきやがった。もうメチャクチャだよ！」

社長のいう「A型の行動修正能力」はつゆほども機能せず、高梨先生の怒りは一向に収まらなかった。

「放ったらかした学校が傾けば、ハイ、あっちへどうぞ。それで、ほとぼりがさめれば、またこっちへいって。このグループはさ、そのくり返しだよ」

私はあいづちを打ちつつ、高梨先生をなだめる言葉を懸命に探していた。

「そうですね。社長の方針は場当たり的だし、竹村さんも授業の穴埋め程度で教員を配置しています。教育理念なんてゼロですよ。しかし、そういうユルさが、プラスに働いているところもありませんか？　教員未経験者を専任に抜擢したり、金銭以外の判断は現場に任せたり、結構ドラスティックな環境だと思います。うまく立ち回れば、三鷹国際スクールだって起死回生をはかれるでしょう」

あながちウソはいっていないつもりだったが、高梨先生はイヤイヤと激しく首をふった。

「もういいんだよ。起死回生なんてものを信じた結果がこれだから！」

高梨先生は自分のカバンをひっつかみ、「もう辞める！」と叫んだ。

高梨先生はそのまま本当に辞表を提出し、月末には退職してしまった。

「転職先は決まっている」との話だったが、すぐに「教務主任と反りが合わなくてね。初日に辞めたよ」と高梨先生から報告があった。

「そこの主任がさ、得意そうに『うちの職員はみんな仲良しで、ケンカしたことがないんです』なんていうんだ。『へぇ、気持ちの悪い職場ですねぇ』って返してやったら、ムスっとしていたぜ。ザマミロだよ」

そんな具合で、相変わらずA型の行動修正能力は発揮されていない様子だった。

35 観光——遊園地でバーベキュー

浅草【あさくさ】 隅田川で見つかった観音像をまつる浅草寺（せんそうじ）の門前町。古くから栄えた下町で、和食店や和雑貨店が軒を連ね、外国人観光客数も国内トップクラス。寺社や公園が多いため、自然の景観も豊かである。

「バカヤロウ」は絶対によくないね

ハン先生は、オジさんのあつかいに長《た》けた女性だった。警戒心なく顔を寄せて話すクセや、熱中し始めると敬語とタメ語がゴッチャになるあどけなさなど、その愛嬌にあらがえた中高年教員は、高梨先生くらいのものだった。

クールな小沢先生、口べタな大村先生、猪突猛進の私といった教師陣に、ハン先生が花を添えたことで、教務の人間関係はそこそこ安定していた。

さて、ある日の放課後、「ハン先生の夫は帰宅の遅いシステムエンジニアで、食事はいつも夫婦別々なのだ」という話を聞かされていた。

「それで私、手間のかからないインスタントラーメンとか、吉野家の牛丼ばかり食べているんですよ」

「インスタント食品と外食だけじゃあ、塩分をとり過ぎちゃうでしょう？」

「大丈夫。しっかり水分補給をしていますから」

「そういう問題かな……まぁ、若いうちは、そう気にしなくてもいいですね」

そんな雑談を唐突にうち切って、ハン先生は私の授業について語り始めた。

「あっ、そうだ！　山下先生。今日は授業見学をさせていただいて、本当にありがとうございました。やっぱり、スゴいね。何というか、強い風みたいなものがバーっと吹いてきました。私、感動したよ！」

「あっ、どうも。しかし、それって声がデカいだけでしょう？　大人数を相手にしたり、酒が入ったりすると、私は興奮して音量調節ができなくなるんです」

「違いますよ！　声が大きいだけじゃない。あの迫力は心の力、愛の大きさですよ。尊敬していた大学の先生も、山下先生みたいでした。すごいエネルギーが教室の空気を一気に変えちゃうの！」

「へぇ、いわゆるカリスマってやつですか？　でも、私はそんなんじゃありません。怒鳴り散らしているだけで……残念ながら間違ったやり方ですよ」

私が謙遜すると、彼女は身を乗り出し、顔がぶつかるくらいに接近してきた。

「でも、その間違いは正しい間違いです。山下先生は、怒鳴っていても温かいの。やはり愛を感じます」

外国人だからか、彼女は「愛」というおもはゆい言葉を平然と使った。

「でもね、山下先生。そういう愛がわからない人もいますよ。先生はすぐに『バカヤロウ』といいますが、あれは絶対によくないね。先生のバカヤロウはとても優しいバカヤロウなのに、それがわからない心の小さな人もいるんです。本当よ。気をつけてください」

ハン先生からの思いがけない忠告にたじろいだ。

「はい。バカヤロウというヤツが、いちばんのバカですからね」

そういってゴマかしたが、実は事務の田中さんにも、同じことを何度か注意されていたのだ。チンピラは、喜怒哀楽を一様に「バカヤロウ」と表現するらしいけれど、私にもそういう愚劣な口グセがあったのである。

浅草花やしきへ遠足

ところで、西丘日本語学園の課外活動費は、ウズベキスタン人学生らの卒業遠足以来、ほとんど未使用だった。そこで、日帰りバスツアーなどを企画したが、そのつど、社長から「納得できる学習目的をあげてください。娯楽は許可できません」と却下されていた。

「しょせん遠足は遠足だ。娯楽を排除した遠足などあり得ない。社長は経費を出し惜しみしているだけで、どの道ボツになるんだろう?」

私はそう見限り、新しい起案をずっと棚あげしていた。

だから、林さんにせっつかれて久しぶりに稟議書をあげた際も、やる気はまったくなかった。結局、バーベキューランチと乗り放題チケットをセットにした「浅草花やしき遠足」を発案した。そしてコメント欄には、「全国屈指の門前町を散策し、日本型宗教都市を体感する。さらに、現存ではわが国最古の遊園地に赴き、下町の情緒や娯楽を経験する」といったデマカセを並べておいた。

が、このダメもとの浅草散策案が、なぜかスッと許可されたのであった。私がビックリしていると、「経営者って、ドンブリ勘定の気分屋が多いもんですよ」と、小沢先生が小さく笑った。


「宗教ってのは、本当に大変だな」

遠足の参加対象は2年生クラスで、引率者は事務の林さん、助っ人事務員のリンさんという中国人、それに私だった。

バーベキュー施設の都合上、午前グループと午後グループの2回に分けて学生を集合させることになり、職員は適宜分散して誘導する手はずとした。

集合場所は現地の雷門だったが、予想どおり、約束の時間にあらわれたのはほんの数人だった。真面目な生徒の多い午前グループは比較的スムーズに集まったものの、午後グループの過半数は1時間遅れでようやくそろった。

中国人学生のソウは、ふだん仲見世のみやげもの屋で働いており、最初はシラケ顔をしていたけれど、行ったことのない宝蔵門から先に足を踏み入れると、急にボルテージをあげた。安っぽいサングラスをかけたスリランカ人男子たちは、私をあちこちに引っ張り回し、一緒の写真を何枚も撮りたがった。

私は常香炉《じょうこうろ》を紹介し、「この煙を体につけると、そこが健康になるんだ。目が悪い人は目に、勉強できない人は頭につけなさい」といって煙をあおいでやったが、それを聞いたバヴァンは「では、先生の髪も元気にしましょう」といい、私の頭部へ煙をあおぎ返してきた。

「花やしき」に到着すると、早速バーベキュータイムが始まり、私は頭にネクタイを巻いてひたすら肉を焼いた。一部のスリランカ人学生は肉類をいっさい口にせず、自分たちで用意した焼きそばを温め直していた。各テーブルに用意されたソースやドレッシングにも「肉のエキスは入っていないか?」と心配したので、店員に問題がないことを再度確認してやった。

「宗教ってのは、本当に大変だな」

そう同情してみせると、「いつでも、どこでも、必ずお辞儀をする日本人のほうが大変ですよ」と、アリクが笑った。なるほど、要は慣れということか。

食事の終わった学生から、園内アトラクションの乗り放題パスを与えた。私は午前グループと午後グループの間を行き来し、ずいぶんと疲れたが、小学生のように笑い転げる学生たちと過ごすのは楽しかった。

「校旗を広げた集合写真を必ず撮ってきてくだしゃい。その写真は学生募集のパンフレットに使いますからね」という金さんからのミッションを果たし、私は池ぞいにあるベンチで休憩した。池のコイへエサを放っていると、スリランカ人学生のナサルが「アルバイトの時間なので帰ります」とあいさつに来た。

「うん、気をつけて帰りなさい」

「山下先生、本当にありがとう。とても楽しかったです」

「お礼なんていらないよ。みんなが勉強を頑張っているから、会社の偉い人たちがプランニングしてくれたんだ」

「ウソ、ウソ、違うね。これを考えたのは、絶対に山下先生です。わかるよ」

彼はそういってもう一度頭をさげ、手をふりながら去っていった。

アルバイト漬けの生活を送るスリランカ人学生らは、観光らしい観光をほとんど経験していない。そのため、小さな遊園地で過ごせただけでも、相当にうれしかったようだ。

しかし、なぜ、遠足の立案者を私だと確信していたのだろうか？「遊園地にバーベキュー」という組み合わせが、子どもっぽ過ぎたか？　それについては、とうとう聞きそびれてしまった。

土曜日。立合《たちあい》を稽古した。

立合とは居合術の一種で、立った状態から鞘に納まった刀をさばく剣法である。

刃筋は、上下への払い、横への払い、斜めへの払いの三つに大別できるが、いずれにしても斬ることより、抜くことが肝要となる。

帯に差した太刀を抱き込むようにして鞘を払うことで、わが身は刃の後ろに隠れ、また瞬時に突き出されるその剣先が、相手を一歩も寄せせない間をつくる。

剣の動きは柔らかなほど認知しづらく、対敵の害意をそぐものだ。

それゆえに型稽古ではゆっくりと大きく、静かに抜くことを最上とする。

私がもっとも好む武技である。

立合・横掃（よこばらい）

36 称賛——親バカの気持ちが理解できた

AO入試【えーおーにゅうし】　アドミッションズ・オフィス入試の略。学力試験を重視する一般入試とは異なり、学校出席率、成績、論文、面接などによる人物評価で合否判定する。一般試験よりも早期に実施されることが多い。

「ケンカは外でやってくだしゃい」

不真面目な中国人学生がひしめく一年生クラスでは、一部の落ちこぼれが授業態度を悪化させていた。私の前では特に反抗しないものの、非常勤講師の授業になると、示し合わせて対戦ゲームに熱中し、注意しても聞かないのだという。とりわけ、カンという目つきの悪い学生は、教員を臆面もなく無視するらしかった。

私は2年生の進学指導にかかりっきりで、彼らの動向にはいま一つ目が届かないでいた。が、とうとうカンは、私の講義中にも堂々とゲームを始めたのである。ケータイを取りあげようとすると、彼はかたくなに抵抗してにらんできた。

「カンさん、アンタはいつも態度が悪いそうだな？　授業中のゲームはダメだ。そのルールが守れないなら、今すぐ出ていけ！」

カンの前で仁王立ちになって怒鳴ると、彼は「アホ！」と怒鳴り返してきた。

「半年もかかって覚えた言葉がそれか？　アホはテメェだ！　こっちへ来い！」

彼のえり首をむんずとつかむと、そのまま教室の外へと引きずり出した。カンは190センチ前後ある長身のわりに体重が軽く、ウズベキスタン学生らをしょっぴいた時に比べれば、まるで羽根のようだった。

金さんが専有している空き教室で、彼を思いっきり突き放し、ケータイゲームで遊んでいたとおぼしき金さんに、「カンさんはケータイのゲームをやめないうえ、教員のいうことを聞きません。授業に戻りますんで、指導をお願いします」と伝えた。

金さんは一瞬だけ顔をこちらへ向けたが、すぐにまた目をそらして「お2人とも、ケンカは外でやってくだしゃい」とつぶやくようにいった。

「何！」

カンに対する怒りの余韻もあり、私はうつむいた金さんを厳しく見すえた。

大口エージェントを後ろだてとするカンたち中国人生徒に、金さんが何もいえなくなって久しかった。学生の機嫌をそこねて、エージェントに告げ口されるのが怖いのである。西丘日本語学園の非適正校化が決定して以来、彼はますます中国人学生の顔色をうかがうようになっていた。

金さんの立場もわからないではなかったが、素行の悪い学生を放っておくのは、教育者としてあるまじきことだ。また、有力なエージェントが送り出した学生と、そうでない学生の待遇に格差をつける金さんの態度には、前々から反感をいだいていた。

「へぇ。コレ、私のケンカだっていうんですか？　それで、外でやるなら何をしても私の勝手だと……あなたは今、事務長として、そうおっしゃったんですね？　じゃあ、ご期待にお応えしましょうか？」

あたふたし始めた金さんに向かって、私はさらに皮肉を続けた。

「職務分掌によると、授業態度の改善指導や生活指導の責任者は事務長です。でも、あなたはこの1年ほど、何もしていない！　ケンカは外でやれだと？　もういいや。金輪際、学生を注意しません。アンタ1人でおやんなさい！」

そういい捨てて退室すると、数歩も歩かぬうちに金さんが小走りで追いすがってきた。

「違いましゅ、違いましゅよ！　なぜ、あんなふうに申しあげたかがわかりませんか？　カンみたいなガラの悪い学生に逆恨みされたら大変でしょ？　山下先生が襲われたら、困るでしょう？　それであんなふうに申しあげたんです」

粗暴な学生とさんざんぶつかり合ってきた私に、今さら何をいいやがるんだと、もう一度怒鳴りつけたくなった。しかし、授業中ということもあり、「ともかく、あの学生には厳重注意が必要です」とクギを刺すにとどめた。

介護福祉士希望のネパール人女子学生

教壇に立つ前は、日本語教師の仕事を「日本の言葉や文化を教えることだ」と安直に考えていた。しかし、現場で骨身にしみたのは、「進路指導」という思いもよらぬ重責だった。

留学生は、外国人観光客と違う。異国に見聞を広めに来ただけではない。留学生の多くは、母国の不況や格差にいき詰まり、より大きなチャンスを求めて来日しているのだ。彼らの目的は、日本の専門学校、大学、大学院への進学や、日本企業への就職であって、日本語学校はその通過点にしか過ぎない。

とはいえ、まだ人生設計がおぼろな学生たちから将来の希望を聞きとり、卒業後のレールを敷いてやるのは至難である。

進学実績のしっかりした日本語学校の場合、「指定校推薦」という特別枠が大学や専門学校から与えられるが、ツテのとぼしい西丘日本語学園には、そんな枠がいっさいなかった。だから、少しでも条件のいい学校へ押しあげる策として、私は昨年と同じく、ＡＯ入試を積極的に勧めた。

ＡＯ入試とは、出席率や学校成績が吟味される一方、ペーパーテストが免除されたり、学校によっては納入金の一部が減免されるなどの特典がつく選考方式だ。

この年は、「介護福祉士になりたい」というネパール人女子学生がいたので、彼女には短期大学のＡＯ入試を紹介してやった。アスミというその学生は大変な努力家だったので、かなりの期待が持てた。ただし、彼女の担任教員は大村先生だったため、面接準備などのサポートがうっちゃられていた。そこで私は、プレゼン用のスピーチ原稿を見てやることにした。

「男の人は怖いから、女の子の多い短大にいきたい」というくらいひっ込み思案のアスミは、「インターネットで調べながら原稿を書きましたが……全然自信がないです」と、弱りきった顔をしていた。

彼女の原稿に目を通すと、分量、内容ともに申し分なかった。与えられた課題は「介護を学ぼうと思ったきっかけ・介護に関わる体験」というもので、アスミは自分が所属していたガールスカウトの紹介と、そこで経験したネパール大地震の救援活動についてつづっていた。

「アスミさん、素晴らしいね。よく書けている。大丈夫だよ。でも、ちょっと言葉のおかしいところとか、意味のわからないところがある。直しておこう」

私は昼休みを返上して、アスミの原稿に赤を入れた。

「ヨシッ、いいぞ。原稿は声に出して、何度も読むんだ。時間を計りながら、友だちや先生の前で練習するといい。発表に使う図とか写真も、忘れずに完成させるんだよ」

私は早口で指示を残し、次の授業が始まる教室へとかけ込んだ。

受験した留学生中、トップの成績

2週間後、アスミが受験した短大から電話があった。受話器をとった私に「あっ、山下先生ですか？　お世話になります」と、はずんだ声であいさつがあった。

「このたびはアスミさんのご指導、誠に有難うございました。先生も大変だったかと存じます。彼女は受験した留学生中、トップの成績でした。職員一同、アスミさんには大変好感をいだいており、今後が楽しみです。彼女のような生徒さんが他にもいらっしゃれば、ぜひともお声がけください。責任をもって面倒を見させていただきます」

アスミの合格通知はすでに届いていたが、入試担当者は、アスミの優秀な成績を改めて伝えてくれたのだ。自校の学生をこれほどまでにホメられたのは初めてだったから、何だかやけにドキドキした。自分自身が持ちあげられるのとはまた違った多幸感に、戸惑っていたのだろう。

「息子や孫をヨイショされて舞いあがるのって……こういうものかな？」

親バカの心境が、にわかに理解できた気がした。

37 決裂——社長命令が聞いてあきれる

事務長【じむちょう】　事務局長と称する学校もある。校務を統括する役職で、名簿、台帳、申請書、証明書、職員の出勤簿などを管理する。出納業務、校内備品や学生寮の監督、学生の健康相談および生活相談にも応じる。

ギブアップしちゃダメだよ

留学生は入学後、すみやかに健康診断を受けるのが望ましいが、西丘日本語学園では年に1回だけ結核検診を実施し、4月期生と10月期生をひとまとめに受診させていた。この年の検診は、10月下旬におこなった。検診日には、教員が生徒の問診票をチェックし、順次レントゲン車へと誘導する。

「シャツは無地、貴金属は外すように」との指示をくり返し、女子生徒には「髪を束ね、ブラジャーも外すように」とも注意を加えた。遅刻者の対応などもあって結構大わらわとなるが、午前中にはすべての検診が終了する。午後は休講なので、余った時間はたまった雑務に専念することができた。

久しぶりに昼休みをとろうと席を立つと、すぐ目の前にネパール人学生のニールが突っ立っているのに気づいた。ちょっと驚いたが、彼の暗い表情をけげんに思い、「どうしたの？」と声をかけた。

「山下先生。どうしてあなたは、私のクラスを教えなくなりましたか？　1週間に1回でいいから、一緒に勉強しましょうよ」

彼は人差し指と親指の腹をこすり合わせながら、モゾモゾといった。

「何だよ。今の先生たちじゃダメなの？」

「今の先生たちは手裏剣ができない。授業がつまらない」

「あのさ、授業と手裏剣は関係ないだろうが？」

私は思わず吹き出しそうになったけれど、ニールのいいたいことはよくわかっていた。彼が在籍するのは、ほんの数週間で辞職したパク先生や、無気力な大村先生に任せてきた学級で、クラスのモチベーションは下がりっ放しだったのだ。

「あのクラスにはさじを投げましたよ」と顔をしかめる講師が多く、同期入社の神田先生からは「たるんじゃってますね。コワモテの山下先生が、テコ入れするしかないですよ」とも意見されていた。しかし、シフトの都合があり、ニールのクラスとは疎遠のままでいたのだ。

ニールは入学して間もないころ、「日本の経営を勉強して、貧しいネパール人に仕事を与えるビジネスをしたい。日本のサービスは素晴らしいです」などと語っていた純朴な青年だった。

「ニールさんは社長になるんだろう？　どうだい、調子は？」

「社長？　ちょっと……無理ですかね」

彼はツッと目をふせた。

「無理じゃないだろう？　頑張りゃあ、日本の総理大臣にもなれるぞ。アメリカの大統領にだってなれる。ギブアップしちゃダメだよ」

「本当に？　どうしたらアメリカの大統領になれますか？」

「えっ、マジでなりたいの！　そうね……たぶん、英語がしゃべれないとダメなんじゃない？　アメリカだもん」

「じゃあ、英語を勉強すれば、大統領になれますか？」

「そうだよ。民主主義ってのは、そういうもんだ。なりたいものになり、なりたくないものにはならなくていい。あなたたちは、そのために勉強してるんだ」

私は腕を組んで断言した。

「山下先生はヘンな先生です。でも、楽しい。クラスが変わって本当に残念です」

ニールは「今からアルバイトなんです」といって、きびすを返した。

「ニールさん。私の夢は、教え子が日本初の外国人総理大臣になることなんだ。あなた、総理大臣になるかい？」

「先生、無理です」

「それなら、アメリカ大統領になるか？」

「いえ、私は社長になりたいです」

ニールは乱ぐい歯を見せて、パタパタパタパタッと手をふった。

在留カードの悪用

数日後、今度はミランというネパール人学生が、深刻な表情で私のもとへやって来た。ミランは、ニールと同じ専門学校に合格したばかりだった。

「先生、私は心が痛い。本当に困っています」

いつもはロボット漫画に登場する「鉄人28号」みたいなポーカーフェイスの彼が、めずらしく思い詰めた表情をしていた。

ミランの話に耳を傾けたところ、一緒に暮らしていたルームメイトが、ミランの在留カードを内緒で持ち出して悪用していたというのだ。そのルームメイトの在留期限はとっくに切れており、ミランの名前をいつわってアルバイトをしていたらしい。ミランは、ソファの下に隠してあった自分名義の給料明細を見つけて、それに気づいた。しかし、その時点でルームメイトはすでに行方をくらましていたのだという。

同じようなトラブルはよく聞いたが、自分の学生が当事者になったのは初めてだった。何かしらの手を打たねば、アルバイト時間数の超過で、ミランのビザ更新が困難になったり、専門学校の入学許可がとり消されたりする可能性がある。まずは、ルームメイトの働いていたアルバイト先に連絡をとる必要があった。

しかし、私は授業に入る直前で、即時対応ができそうもなかった。

そこへちょうど、事務長の金さんが喫煙所から戻ってきたので、一連の事情を説明して、対応の引き継ぎを頼んだ。金さんは、目をしばたたかせて「わかりましゅた」と、ボンヤリした声で答えた。

「じゃあ、ミランさん。金さんとよく相談してね」

私は始業チャイムを聞きながら、出席簿を棚から抜き出し、大急ぎで教室へ向かおうとした。そのせつな、金さんが、教務ブースのカウンターをはさんだミランに飛んでもないひと言を放っていた。

「結論からいいましゅとね、これはあなた自身のトラブルです。だから、学校は関係がありません。自分で解決しなさいよ！」

思いもよらぬあしらいに、私の息は止まった。同時に足も止まっていた。

「私は本当に困っています！　友だちがウソをつきました。私の心は痛いです！」

ミランの顔が、大きくゆがんでいるのがハッキリと見てとれた。

「あのねぇ、知りませんよ！　あなたの失敗を、私たちに押しつけるんじゃない！　わかりましたか？」

それを聞くやいなや、私は帳簿を机に叩きつけ、間に割って入った。

「ミランさん。とりあえず、ルームメイトの給料明細を、もう一度確かめてきなさい。ルームメイトが働いていた会社の名前と、その会社の電話番号も調べておくんだ。その給料明細のコピーもほしいな。いいね？」

「わかりました。必ず持ってきます」

「うん。それと、もう授業だろ？　いったん教室に入りなさい。大丈夫だ、何とかするよ」

私はミランが教室に戻ったのを見計い、おもむろに金さんへと顔を向けた。

「オイ。テメェ、本気で泣かすぞ！」

私は、子どものケンカじみた文句を口にしていた。

「ミランさんの面倒を見るって、オレにいったよな？　何だ、今のは？」

殴りつけたい衝動に耐えながら、私は声を押し殺して問いつめた。

「なぜ、私たちが面倒を見なければなりましぇんか？　学校は関係ない話でしょ？　これは彼自身の問題ですよ！」

金さんは口をとがらせていい返した。

「関係なくねぇだろ、ボケ！　学生がいき場をなくして失踪すれば、学校は管理責任を問われるんだぞ。知ってんだろう？　いつも生徒をほったらかして、何が事務長だよ？　毎度タバコばっかりフカしやがって……このバカヤロウ！」

私の雑言《ぞうごん》に、金さんも負けじとヒートアップした。

「バカヤロウとは何ですか？　あなたはそういうところが問題なんでしゅよ！　それが先生のいう言葉ですか？」

「オレの言葉づかいよりも、テメェの無責任さを1ミリでも反省しやがれ！」

さらに何かいい返そうとする彼を「失せろ！　低能！」とはねつけた。

この時ほど、金さんのニンニク臭に吐き気を覚えたことはない。

「あなたは今日かぎりでクビでしゅ」

翌日の午後、金さんは私を呼び出し、「あなたは今日かぎりでクビでしゅ。理由はおわかりですね？　これは社長命令ですよ！」と、涙目でまくしたてた。

「何だ、コノヤロウ」とムカッ腹がたったが、あえて落ち着き払った態度で「はぁ？」とそらトボけてみせた。

「学校を辞めるのはやぶさかじゃありませんけれどね、その理由ってヤツには、まったく心当たりがありません。どうぞワケをおっしゃってください」

それを聞いた金さんは、「うっ」と目を泳がせた。しばらくして、「わかりましゅた。解雇理由は確認しておきます」と苦々しくつぶやいた。

「確認しておきますだぁ？　アンタ、ガキの使いかよ？　社長命令が聞いてあきれるな。本当にしまらねぇハンパ者だ！」

そういい放ち、私はサッサと職員ブースへ引き返した。

自席に戻るなり、社長のケータイに連絡を入れてみたが、ご多分にもれず、電源が切られていた。すでに雲隠れモードに入ったか？

「いまいましい！」とつぶやき、今度は本部の竹村さんに連絡をとった。

「竹村さんですか？　たった今、金さんから『即刻解雇の社長命令が私に出ている』っていわれたんですけど、それ、本当でしょうか？」

直前にあったことを手短に話して質問をぶつけると、「いや、そりゃウソです。それじゃ、現場が混乱しますよ。即時解雇は、絶対にあり得ません」との返事だった。しかし、彼の声音は固く、話はそこで終わらなかった。

「ただし、山下先生もご承知でしょうが、金さんは今、非常に興奮しています。それで社長も及び腰になっているんです。ともあれ、私がそちらへ伺いますから、相談はその時にしましょう」

そういって、竹村さんは気ぜわしく電話を切った。

放課後、学校にあらわれた竹村さんは、私との面談を後回しにし、事務の林さんと打ち合わせを小一時間ほどした。それは、ほかの教員が帰宅するのを待つためだった。林さんが帰った後、竹村さんは私をいつもの保健室へと誘い、すぐに話し合いを始めた。

「今朝一番乗りで、金さんが本部にかけ込んで来たんです」

竹村さんはそういって、長いため息をついた。私が数週間前に中国人学生のカンを教室から引きずり出した件をあげつらい、「山下先生は暴力教員だから、懲戒免職にしてほしい」と社長に直訴したのだという。

「『体罰教員は見過ごせない』っていう主張でしてね。むろん、そのいい分を真に受けているわけじゃありません。うちの学生のレベルや態度は、まぁ、だいたい理解していますからね。これまで同様、相応の事情があったんでしょう？　それに1か月近くもたった話をね、今さらむし返すってのも筋が通りません」

竹村さんはそこで、もう一度ため息をついた。

「でもね、学生に手を出したウンヌンを騒がれると、こちらも無下にはできないんですよ。もう一つ、ぶっちゃけていいますとね、山下先生と金さんをハカリにかけた場合、社長にとって重いのは、学生募集を一手に担っている金さんなんです。つまり今、山下先生は大変マズい立場にいらっしゃるんです」

「何がマズい立場だ。違反だらけの非適正校ふぜいがよ」と、しらけ気分で聞いていたが、私は自分でも不思議なくらいに落ち着いていた。進退の覚悟がすでに固まっていたからだ。

「そうですか。今回の確執は、私が金さんの職務怠慢をなじったことが、本当の原因です。こちらもいい過ぎましたけれど、最近の金さんの仕事ぶりは、どうにも許しがたかったんです。体調不良の学生を放置したり、ルームメイトの詐欺にあった学生を突っぱねたりと、事務長としての仕事を投げ出していました。それはご存じですよね？」

「ええ、まあ、おおよそ想像はついています」

竹村さんは、目を合わさずに首を縦にふった。

「そうですか。ならばもう結構です。私からお話しすることはありません。半年前、私はここを辞める決心をしました。しかし、金さんたっての願いで残留したんです。でも、もう潮時でしょう。非適正校となった影響で、今後は学生数も激減するでしょうし、そうなれば教員は間引かれるはずです。再就職の都合も考えて、私はすみやかにおいとましますよ」

事実、この翌年は新型コロナウイルスが流行して、全国的に留学生がガタ減りし、働き口は極端に減少した。私の場合、この即断が吉と出て、スムーズに転職できたのである。

「いや、ほかのグループ校に移ってもらうという手も考えているんです。山下先生のようにハートのある教員は、やはり大事にしたいですからね」

竹村さんは、両手を開いて「待った」のポーズをとった。が、私の気持ちは揺るがなかった。それよりも、ドアの外で会話を盗み聞きしている金さんの影法師が、最前から気になっていた。曇りガラスにチラチラと映る彼のシルエットは一向に去る気配がなく、どうも気味が悪かった。

「この2年弱、『折りを見て一から仕事を学び直したい』と思っていました。未経験者の私に、多大なチャンスを与えてくれた西丘日本語学園には本当に感謝しています。でも、これ以上働き続けることは、グループにとっても、私にとっても、プラスにならないでしょう。それは間違いないと思います」

「なるほど。そういうお気持ちならば、仕方ありません。しかしですよ、山下先生みたいな、誠意あるかたが追い出されて、不誠実な人間がのうのうとしてるってのは、個人的にはすごく悔しいんですよ。第一、残していく学生たちが心配じゃないんですか？　ほとぼりが冷めるのを待ってみませんか？」

竹村さんは、いつの間にか目を赤くうるませていた。

「いろいろとご心配いただき、ありがとうございます。でも、学生たちには、できる限りのことをしました。後悔はありません。どの道、彼らを一生世話できるワケじゃないし、いつ辞めても同じことだと思います」

ここまで聞いて安心したのか、ドアの外の影はフッと消えた。

38

通院——あこぎな商売しやがって

国民健康保険【こくみんけんこうほけん】 病気やケガや出産の際、医療費補助などをおこなう制度の一つ。3か月を超えて滞在する留学生は、加入が義務づけられている。なお国民年金保険も同様で、留学生も加入せねばならない。

「この学校ではダメですか?」

かくして私は、年末に退職することとなり、辞表を叩きつけて去った高梨先生が、急きょ呼び戻されることになった。強気で飛び出した高梨先生だったけれど、思ったように再就職先が決まらなかったらしい。

「山下先生の進退につけ込んだみたいでさ、何だか気まずいんだよな。本当にごめんね」

高梨先生は出戻ることを、しきりにわびていた。が、私に謝るようなことではないし、彼の復帰こそがもっとも安心できる決着だった。

その一方、非常勤講師の梅干野先生は、ひきとめる間もなく辞職してしまった。彼女は短期間に相当の自信をつけたようで、のんびりとした性格にも風格が漂い始めていた。すでに別の日本語学校でも働いているという話だった。

「山下先生には、本当に励まされました。でも、ここは通勤がつらいし、長く続かない気もするので、先生のご退職を節目に卒業させていただきます」

そういって「お世話になりました。奥様にどうぞ」と、彼女はシャレた紙袋入りの菓子折りを差し出した。

「ほぅ、フランス菓子の王道、マロングラッセですか？　うむぅ、コーヒーよりも、不思議と緑茶に合いますね。梅干野先生、おいしゅうございました」

自宅に持って帰るなり、妻はそれをペロリと平らげ、菓子箱に向かって深々とお辞儀した。

なお、系列校を行き来していた中原先生は、私と金さんの一件をいち早くキャッチし、意外にも、私を残すようにと社長へ進言したらしい。彼はのんべんだらりとした人だったが、職場の人間関係には鋭い嗅覚を持っていたので、パワーバランスが崩れて、金さんがさらに暴走するのを懸念したのだろう。

ハン先生も、私の離職に大慌てした1人だった。

彼女は、「進学指導はどうするんです？　私には無理ですよ！」とのけぞった。

「大丈夫。ハン先生ならきっとやれます」

私はそう励ましたが、ハン先生の耳には届いていない様子だった。そして、すぐさま学生たちに「困ったことになりました。山下先生が学校を辞められます!」と、打ち明けてしまった。

「山下先生は、給料がよくないから辞めるんですか?」

「別の学校の校長先生になるんですか? この学校ではダメですか?」

そんな見当ちがいの質問が、その後、中国人学生から相次いだ。

体調不良の学生に付き添い

季節は、インフルエンザの流行期を迎えていた。

その年は、スリランカ人学生の間で水ぼうそうも広まっており、病気に関する相談がいつもより多かった。

体調不良を訴えてきた生徒に対しては、近場の病院を探してやり、受付時間や休診日などを教えてやるのだが、付き添いを求める学生も少なからずいた。

私は学生時代に何度か海外を放浪し、不慣れな土地での病気やケガがいかに不安かを知っていたから、介添えの要望にはなるべく応えてやっていた。

バヴァンとイスルの2人が「水ぼうそうにかかったかも知れません」とやってきたのは、寒風が吹きすさぶ、よく晴れた日だった。

「アルバイトで一緒の友だちが、みんな水ぼうそうになっています。私とイスルさんも、土曜と日曜はすごい熱だった。先生、病院にいくのを手伝ってください」

そういうバヴァンの顔には、いくつかの発疹《はっしん》があった。スリランカは水ぼうそうの予防接種が一般的でないらしく、大人になってから感染するケースがめずらしくないという。

「よし、午後イチでいこう。でもさ、熱があるんだろう？　二人そろって、どうしてTシャツと短パンなのよ？　もうすぐ年末だぜ。セーターとかコートは持ってないのか？　しかも、サンダル履きじゃねぇか！」

いくら若いからといえ、彼らの薄着にはあきれ返った。肺炎にでもなりそうな格好だったのだ。

「問題ないです。体が熱いからちょうどいいね」

そういって笑ったイスルは、母国で公務員をしていた学生だった。彼は腰痛を抱えており、入学直後、整形外科に同行したこともあった。

さて、目星をつけた皮ふ科は、学校から徒歩15分くらいのところだった。到着したのは、午後の診察が始まる直前で、学生二人の保険証を提出し、彼らの症状を説明すると、カウンターの女性はバヴァンとイスルをうろんげに見た。

「水ぼうそうは、ほかの患者さんのご迷惑になります。外でお待ちください」

それを聞いて、私はビックリした。

「彼らは熱があるんですよ。この寒空の下、外で待てっていうんですか?」

経験上、感染症の患者は、空いている診察室などに隔離するのが普通だ。発熱を訴えつつも、Tシャツと短パンでヘラヘラ笑っている外国人が不気味なのはわかるが……病院からおっぽり出すなんて乱暴な話だと思った。

「あの、お車でいらっしゃったんですよね? ですから、お車でお待ちいただけませんかと申しているんです」

彼女はブスッとした表情をしていたものの、私の抗議に声がうわずっていた。

「車で来たなんて、いついいましたか? 私たちは歩きですよ。で、車がなければ、外で震えて待つしかないんですかね?」

じっと正視していい返すと、彼女は目を白黒させて、いったん奥へ下がった。

「すぐに順番が来ますので、このままお待ちいただいて結構です」

再び戻ってきた彼女はそういい、私から顔をそむけた。「いけ好かねぇな」と感じたけれど、きっと相手も同じことを思っていただろう。

通された診察室では、眠たげな顔をした医師が口数少なく、「こりゃあ、水ぼうそうだね」

と診断した。

「大人になってからの水ぼうそうは、高熱をともなうからあなどれないんです。でも、2人ともピークは過ぎたみたいだなぁ。薬を出しておきましょう」

受診後、同じビルの1階にある調剤薬局へいくと、ひどく混みあっており、「少し時間がかかりますよ」と告げられた。そこで「期限が切れています」と注意されたバヴァンとイスルの保険証を更新するべく、そう遠くない市役所へも足を延ばすことにした。

「お二人とも不在通知書が届いていませんでしたか？　郵送した保険証が戻ってきています。大丈夫、今すぐに発行しますからね」

役場窓口の女性は、先ほどの受付嬢とうって変わり、親身に対応してくれた。仕事柄、外国人に慣れているのだろうが、「何ていい人だろう」と感激してしまった。

日本人はダメだな、不親切だ

調剤薬局にひき返して来ると、今度はすぐに薬を受け取ることができた。が、バヴァンが「あれ？　私とイスルさんのお金が違う」とすっとんきょうな声をあげた。領収書を覗き込むと、まったく同じ処方でありながら、なぜか数百円ほどの差があった。私はカウンターの薬剤師に、その点を問いただした。

「イスルさんの処方箋には、病院側の記載もれがあったんです。それを医師に確認するための電話を入れましたので、通信料が加算されています」

「通信料？　その記載もれって、病院側のミスじゃないんですか？　どうして患者が負担しなきゃならないの？」

私のマユは曇った。

「処方箋は健康にかかわる大事なものです。必ず確認をとらねばならないんです」

「むろん、処方箋の不備を確かめるのは当然ですよ。しかし、私が聞いているのはね、その手間賃をどうして患者が負担するのかってことです」

またしても私の感情はザリザリとささくれ出し、「あこぎな商売しやがって」という怒りがふくれあがっていった。

「見りゃわかるでしょうけど、彼らはかつかつの生活をしている留学生ですよ。医療費だって、友だちと貸し借りして工面してるんだ。そんな若者に何の説明もないまま、シレッと請求額を上乗せするなんてね、あざとくないですか？」

病院での一件もあり、私はかなり腹をたてていた。

「先生、大きなお金じゃない。私、そのくらいは払えます。大丈夫です」

イスルは子どもをなだめるように、私の背中に手を置いていった。

「バカヤロウ！　たかが電話1本で、ビール1本分くらいのゼニをかすめとられたんだぞ。コソドロだってこんなせこいマネはしねぇよ！」

「先生、今日は私、ビールを飲みません。帰ったらすぐ寝ます」

学生たちの説得に負けて、私は歯ぎしりしながら薬局を後にした。

「日本人はダメだな、不親切だ。大っ嫌いだよ」

そうグチを並べてたてていると、学生らは「先生も日本人ね。悪くないよ」とスキップして答えた。

「オレは日本人じゃねぇぞ。本当はアメリカ人なんだ。見れば、わかるだろう？」

「それはウソね。山下先生の英語は本当にダメですから」

バヴァンは、人差し指を横に振っていった。

「先生、マクドナルドがあるよ。ご飯を食べましょう。お金は私たちが出します」

彼らはやけに私を気づかってくれた。

ちょっと恥ずかしくなり、「ゴメン。まだたくさん仕事があるんだ。とりあえず、明日は授業を休みなさい。ちゃんと治してから教室に来るんだ。いいね？」といい置き、逃げるようにして二人と別れた。

そして1時間後。バヴァンとイスルが、ハンバーガーとコーヒーのセットをいくつも詰め込んだ手提げ袋を持って、職員ブースに顔を出した。

「山下先生、お礼です。ほかの先生にもあげてください」

学費を完納していない彼らからの差し入れには閉口したが、突き返すワケにもいかず、ありがたく頂戴することにした。

作文スピーチの
原稿はいらないのか？
あ　ダイジョウブです
『わたしのトモダチ』
暗記したのか…
わたしのトモダチはとても親切です
そしてとてもおもしろいです
…すごいな
先週いっしょに買い物に行きました
ひとつも一致しておらぬ…
『わたしのしゅみ』

39 退職――まともな職員は集まらない

設置者【せっちしゃ】 学校を所有・管理する人。経営に必要な資金、知識などが求められる。抹消されて5年経たない告示校の設置者や、犯罪者、犯罪に関わって5年を経過していない者などは、設置者として認められない。

学生募集担当者の意向は無視できない

本部の竹村さんから、「山下先生が退職される前に、ぜひとも社長が会って話をしたいといっています」との連絡が入った。

「血液占いで、オレをどうこういうのかよ？　もう聞きたかねぇや！」といって電話を切りたかったけれど……それは何とかこらえた。

そして翌日、指定されたビルへと足を運んだ。呼び出された場所は、初めて訪れるワンルームマンションの一室で、社長が経営する不動産会社の事務所になっているらしかった。朝礼が長引いたようで、30分くらい待たされてから、ダブルスーツを着た社長がテーブルの向かいに腰をおろした。

「お忙しいところ、ご足労いただきまして本当に申し訳ありません」

そう頭をさげる彼に、「おう。とっとと終わらせろや」と心中で毒づいた。

「まず、山下先生には、今まで頑張っていただいたことを、改めてお礼申しあげます。混乱続きでしたが、投げ出さずによくやっていただきました。このような結果になってしまったのは、ひとえに私の力不足です」

神妙な面持ちの社長を見すえつつ、「たしかにな。アンタの優柔不断がいちばんの原因だよ」と、私はまたもや声なく毒づいた。

「以前にも申しましたが、私の本業は不動産屋でして、学校運営はまったくの素人です。ですから、学生募集を掌握している金さんの意向は無視できないんです。今、経営の命綱をにぎっているのは彼なんですよ」

そんな事情は先刻承知だったので、「ヘッ、何とも頼りない命綱だな」と、腹の底で冷笑した。

「金さんはですね、いまだに『いつ山下先生を辞めさせるのか！』って連絡を、毎日入れてくるんです。彼の落ち着くのを待っていたんですが、ひどくなるばかりでして……まぁ、私もほとほと参っているんです」

なるほど。社長のいうことにウソはないのだろうが、金さんに責任をなすりつけるような態度が、これまた胸くそ悪かった。

「金さんの話は結構です。西丘日本語学園が非適正校になったショックもあって、うっぷんがたまっているんでしょう。それよりも、入管の監視は厳しくなる一方ですよ。その対策をまったく講じていない現体制では、早晩、立ち往生するでしょう。つまり、私の退職で金さんの機嫌が直ったところで、何も解決しないということです。統括部長の吉川さんもわがままでしたが、学生募集担当者が居丈高になってしまう会社の構造を、何とかしなきゃダメですよ」

私はここぞとばかり、遠慮なく意見を申したてた。

「ええ、ご指摘のとおりです。しかし、うちは給料が安いですし、事務も、教務も、優れた人材が集まらないんですよ。その点も、山下先生には心苦しく思っていました。先生の情熱に見合った学校が見つかるのをお祈りします」

なお、ここで社長がもらした給与の件も、改善すべき点は多かった。

たとえば、週2回しか勤務していない中原先生は、フル出勤している私の2倍近いギャラを得ていた。中原先生の給金には、書類の名義貸しに対する見返りも含まれていたけれど、こういうおかしな給与体系が、安月給の根本にはあった。もっと実働に見合う勤務評定を考えねば、まともな職員など集まるはずがない。

しかし、この社長は、すべて承知なのだろう。いくつもの会社を切り盛りしているやり手なのだ。彼には彼なりの計算があるに違いなかった。

「山下先生。本当にありがとうございました」

重みに欠ける早口だったが、社長はもう一度深々と頭をさげた。

「こちらこそ、謹んでお礼を申しあげます。貴重な経験をしました。短い期間でしたが、実に……実に、楽しかったです」

うかつにも、私の両目には涙がたまっていた。

「学生も、先生も、みんなパーですよ」

面談を終えて学校に戻ったのは昼過ぎだった。ハン先生がそそくさと席から立ちあがり、「どうでしたか?」とたずねてきた。

「社長からお礼をいわれて、私もお礼をいいました。まぁ、形だけでも円満退社にしたかったんでしょう」

あらましを話すと、ハン先生はガックリと肩を落とした。彼女は社長が判断をひるがえし、私をひきとめることを期待していたらしい。

「まだ大丈夫ですよ！　あきらめてはいけません。何とかなります」

ハン先生はいつものように顔を急接近させて、私をそう励ました。

お茶を買おうと思って廊下に出ると、金さんが専有している小教室のドアが、めずらしく開けっ放しになっていた。何気なくのぞいたら、ケータイをいじっている金さんと目がバッタリ合ってしまった。どうしようかと一瞬迷ったものの、意を決して中へ入ることにした。かなり気まずかったが、金さんがそれ以上にうろたえていたため、フッと気が楽になったのだ。

「先ほど、社長にあいさつをしてきました。金さんにも、いろいろとお世話になりました。ありがとうございます」

私が頭をさげると、金さんは再びケータイに目を落とし、「あぁ、はい」と口ごもった。

「この前はひどいことをいって、すみませんでした。勘弁してください」

私の謝罪を聞くと、彼はさらに慌てた様子で、机の上にあった書類をせわしくめくり出した。

「いや、こちらこそ悪かったでしゅね。山下先生は、まぁ、何というか、この学校に合わないと考えたんですよ。ホラ、ここには扱いの難しい学生がたくさんいますからね」

私は「アンタの扱いがいちばん難しいんだよ!」というツッコミを心静かに飲み込み、いま一度伝えておきたいことを言葉にした。

「金さんも貧しい留学生だったんですよね? 初めて会った時にそう話してくれたじゃないで

すか。そんな金さんこそが、生徒一人ひとりの気持ちを本当に理解してやれると思うんです。くれぐれも学生を大事になさってください」

私はそういい、もう一度頭をさげた。金さんは、窓際に積み重ねた書類を整理するふりをして、いつも以上に裏返った声を出した。

「あのですね……非適正校になった年はもう、あっという間です。勝負は、その翌年でしゅよ。それでコケれば、全部終わりです。じぇんぶ、パーになります。学校っていうのはね、そういうもんなんです。学生も、先生も、みんなパーですよ。そうでしょう?」

何をいいたいのかがサッパリわからなかったけれど、「非適正校になったこの学校を、金さんはすでに見限ったんじゃないか?」との疑念が浮かんだ。彼の頭にあるのは、閉校するまでの時間稼ぎなのかも知れない。

「金さん、この学校はもともとパーですよ。専任教員なんて、私1人しかいなかったんです。それを忘れずに、これからも頑張ってください」

チャランポランな学校が消え去るのも一つの正解だろう。

だが、それを認めるのは悲しすぎた。

40 惜別——大人になり切れない留学生

初年度納入金【しょねんどのうにゅうきん】 進学先に支払う授業料、入学金、諸経費など、1年目の学費。指定期日までに納めねばならないが、一括納入のみならず、前期・後期あるいは3回以上の分納が可能な学校もある。

先生にいいことがありますように

12月最後の授業は、例年どおり、クリスマスパーティーだった。学生数が前年よりもはるかに多かったため、クラスごとに生徒を分散し、カラオケやビンゴゲームをおこなった。ケーキやジュースが配られる会食タイムに入り、私はひとまず自分のデスクに戻った。すると、おかっぱ頭をしたソウが皮をむいたミカンを持ってきて、「先生、食べてください」と机の上に置いていった。

少し間を置き、今度はランとフのカップルが一緒にやってきて、皮をむいたバナナが乗った紙皿を手渡してきた。

かと思いきや、10月に入ってきたばかりのチョウがあらわれて、無骨で大きな手の上に赤い小箱をのせ、それを私にさし出した。開けてみると、金色に彩色されたネズミの土人形が入っていた。この段になり、学生たちが思い思いの別れを告げているのにようやく気づいた。

「ネズミは次の干支です。金はラッキーカラー、中国の風水ね。先生にいいことがありますように」と、彼は巨体を縮こませて笑った。

「サンキュー。このネズミはピカチュウに似ているな。私の奥さんみたいだよ。じゃあ、お返しにこれをあげよう」

私は、自宅の鍵にブラさげていた一文銭の根付を彼にプレゼントした。

「これはサムライの時代に使っていた本物の古いお金だよ。チョウさんにもいいことがありますように」

その後も、入れ替わり立ち替わり「ありがとうございました」といいに来る学生が続いた。その中には、辞職の遠因となったカンもちゃっかり加わっていた。

「先生、本当にありがとう」

カンは坊主頭をさすりながらお辞儀した。

「おう、がんばれよ」

私も自分の坊主頭をさすって笑った。

優柔不断な甘えん坊

パーティーがお開きとなり、後片づけもあらかたすんだころ、女子学生のシュが林さんと一緒にあらわれた。

「ほら、山下先生に聞きたいことがあるんでしょう?」

林さんは、シュの背中を軽く押した。

シュは入学当初、「青山学院大学に入ります。そのほかの学校には興味がない」と宣言していた鼻っ柱の強い生徒だったが、それ以降、成績が伸び悩んでいた。

さらに躁うつ気質のある彼女は、クラスから孤立し始めてもいたので、私はそれとなく目を配り続けてきたのである。

「先生。私は、大学と専門学校のどっちに行ったほうがいいと思いますか?」

シュは、照れくさそうに私の目を見た。

青学合格とはいかなかったものの、彼女は都内の大学から入学許可を得ていた。ただし、「パティシエになりたい」という夢も持っていて、私が紹介した調理学校をあきらめ切れない様子だった。合格した大学の学費納入期限が迫っているので、決断のためのアドバイスがほしいという話だった。

中国人は「タフで自己主張が激しい」とのイメージが強いが、留学生のような若い世代と接していると、日本人以上に淡白で、意志薄弱な印象を受ける。その原因は「一人っ子政策」による親の過剰干渉などが影響しているのかも知れないし、そもそもそう過激な国民性ではないのかも知れない。

ともあれシュは、まだまだ大人になり切れない、優柔不断な甘えん坊だった。

「シュさんはさ、大学にいったらどう？　勉強はもちろん、友だちや彼氏との時間も大事にしてごらんよ。パティシエの勉強は、その後でもいいんじゃない？　調理学校だけでは、就労ビザがとれないしね」

たったそれだけのアドバイスだったが、シュは「先生、ありがとう」とうれしそうに顔をほころばせた。そして彼女からも、皮をむいたミカンを頂戴した。

「あんがとよ」

私はふた口で平らげた。

41
再起――こっちこそ、心底ありがとう

講師会【こうしかい】　クラス担任が非常勤講師に対して新テキストの案内やカリキュラム説明などをするミーティング。新入生をむかえる学期始めなどにおこなうことが多い。指導法や学習法を検討する「勉強会」を催すこともある。

「岩石なぶり」の極意

背を向けた師匠が、左斜め前に着座している。

10年以上前から通うのをやめた道場に、なぜか私は立っていた。

その師が「山下さん、早くここに座って！」と急かすので、あわててそのとなりに座った。

すると師は、ふわりと私の頭に腕をからませ、そのままヘッドロックの要領で頭蓋骨をしめあげてきた。この師匠から居合、中太刀、小太刀、十手、棒、柔術といった古流武術全般を教わったのであるが、こんな乱暴な手合わせは初めてだった。

うつぶせにひき倒されたせつな、師匠の左拳がカパッと私の口に入ってきた。信じられなかった。ノド奥まで突っ込まれた拳はかみつこうにもかみつけず、吐き出そうにも吐き出せず、私は板間をズルズルとはいずり回った。窒息する寸前となって、その拳はスルリとひき抜かれた。

「相変わらず、ガチガチに固いね。山下さん」

師匠は、端正な顔立ちに不釣り合いな北関東なまりでしゃべった。とても懐かしかった。

「今のは……何ですか？」

「〈岩石なぶり〉だがね。弟子1人に1回しか見せない奥義ですよ。目録にもない秘術。口伝は『こぶし吐かずに呑んで皆伝』っていうの。山下さん、その意味がわかるかい？」

そこまで聞いて、私は目がさめた。

いくら夢とはいえ、あまりにも荒唐無稽な技だった。

むろん、岩石なぶりなんて奥義はない。おそらく……。

退職日。

辞職あいさつのメールを一斉送信して、すべての業務が終了した。

空っぽになった机のひき出しをもう一度確認し、ロッカーに入れっぱなしだった置き傘と木刀をひっぱり出した。

そういって私は、預かっていた学校の鍵を林さんに返却した。

「お世話になりました」

林さんは、小さなお菓子の包みをくれた。ハン先生からも、白いマグボトルをプレゼントされた。教務主任の小沢先生は、「前途洋々、いたるところ青山《せいざん》ありですよ」と、いかにもオヤジくさいことをいって、力強く握手してくれた。

「こちらこそ、本当にお世話になりました」

大村先生は終業時間ピッタリに帰宅しており、すでにいなかった。また、金さんも姿をくらませていたため、苦手な人たちとは気まずいあいさつを交わさずに済んだ。

学校を出ると、向かいのスーパーに直行し、妻に頼まれていた買い物をした。餃子にするとおいしいという激安のひき肉、半額以下になった春雨入りインスタントスープ、私が気に入っている特価の米焼酎などを購入した結果、荷物は予想以上にふくらんでいた。

レジ袋二つとカバンをぶら下げ、傘と木刀を両わきにはさみ、通い慣れた大橋を渡っていったが、橋の途中、腕がしびれるほどの重みにとうとう根負けしてしまった。

荷を置いて川上へ目をやると、黄味がかった夕焼けが広がっており、思わず「おっ」と見入った。

私のような風来坊が、ドラマチックな夕日にたたずんで、深い感傷にひたっている。それは何だか映画のワンシーンのようだった。

天職を求めて、役者や編集などの仕事を転々としてきたけれども、そのすべてに満たされない思いを抱いてきた。人様には決して誇れない、生ぬるい半生だった。

友人の佐藤が「天職ってのはさ、あきらめて受け入れたいちばん身近な仕事なんだよ」とボヤいていたのを、ふと思い出した。

そうかも知れない。が、もだえ苦しみ、遠回りする経験も大事ではないか？

クリスマス会の日に聞いた「先生、ありがとう」という学生たちの声が、静かによみがえってきた。あれほどまでに大勢の人から必要とされ、深く信頼されたことはかつてなかった。

ふり返れば、おとぎ話のような2年弱だった。そこへたどり着いただけでも、私の暗中模索は決してムダでなかったと確信した。

「こっちこそ、心底ありがとうだよ」

私は再び歩きだした。もう二度と足を止めなかった。

新しい職場

再就職先は、すでに決まっていた。そこは高梨先生が紹介してくれた日本語学校で、年明けから勤務する予定だった。高梨先生の古巣であるその学校は、経営がしっかりしているうえに教師陣も有能との話であった。

「いい学校だよ。昇給もボーナスもきちんとしてるしさ。何しろ教員がまともだからね。今までみたいに孤独じゃなくなると思うよ。でもさ、採用面接時は、絶対にオレの名前を出しちゃダメだぜ。オレは、そこの理事長と大ゲンカして辞めたからね」

「紹介者の名前を隠せ」というのも変な話だが、アドバイスに従ったところ、スンナリと転職することができた。しかし、この採用結果を、高梨先生はさして喜んでくれなかった。

「よかったね、おめでとさん。だけど、山下先生が輝くのは、やはり西丘みたいなダメ学校なんだよな。ちゃんとしたところで働くのもいいけどさ。惜しいね、実に惜しい。悩ましいね、とても悩ましいよ」


新しい職場は、過酷な地下鉄のラッシュに耐えねばならぬという通勤のデメリットがあった。また、都心にある校舎ゆえに、ラウンジや教務員室がビックリするほど手ぜまで、学校らしいのびのびとした空間がまったくなかった。

ただし、各教室にプロジェクタが完備されているなど、設備に対するお金のかけかたは段違いだった。「講師会」という非常勤講師へのカリキュラム説明会も定期的におこなわれていて、体制も充実しているようであった。

学生数は、西丘日本語学園の3倍近かった。生徒は、学力の安定した裕福な中国人留学生が多く、大学や大学院へ進む者がほとんどだ。卒業生の進学先大学一覧を目にした際は、「こりゃあ、スゴいな！　オレにこの学校の授業が務まるかな？」と心配したくらいだった。

デスクワークも、ずいぶんと勝手が違っていた。書類のペーパーレス化が進んでおり、業務記録や報告書はすべてコンピュータ管理されていた。そのため、いくつものシステム操作を早急に覚えねばならなかった。機械が苦手な私にとって、これがいちばんの苦痛だった。

しかし、職員の業務分担がキッチリしており、私は新人らしく着実に仕事を覚えればよかった。

ゴミのような時間などない

入社から1か月後。

まだ担任クラスを持っていなかったが、学期テストの「会話」試験を手伝うようにといわれていた。

その学校では、文字語彙・文法・読解・聴解のほかに、作文と会話の試験もあった。学生を個別に呼び出しておこなう会話テストでは、試験官が口頭で試問し、その答えの評価をチェックシートに記入していく。

留学生活の悩みをたずねるといった身辺調査的な項目もあり、そこで得た情報は備考欄に書き残すように指示されていた。

「今までに経験した失敗について話してください」

私は、まだ数回しか顔を合わせたことのないトウという学生を前にしていた。

「私のいちばんの失敗は、やはり大学受験でした」

トウはこの質問に対して、殺気だった目をした。そして、授業中とはまったく異なる饒舌《じょうぜつ》さでしゃべり出した。

「私は、中国でいきたい大学があったんです。しかし、うまくいかなくて、父の命令どおり、ゴミのような大学に進み、ゴミのような時間を過ごしました。それがいちばんの失敗でした。私はすべてをやり直すために、日本に来たんです」

彼の話を最後まで聞くと、私は最高評点を書き入れた。ほとんどミスのない受け答えであった。けれども、「彼の告白はテストだけで終わらせていい内容じゃない」と感じていた。

採点表を横に押しやり、私はトウの目を真っ直ぐ見返していった。

「あなたの気持ちはわかりました。でもね、今はゴミのように思える経験も、それが宝物になる時があるんだ。ゴミのような大学の、ゴミのような時間も大事にしてください。そうすれば、あなたの日本留学はきっとうまくいくよ」

トウは一瞬ポカンとした表情を浮かべたが、すぐに「はい、先生。努力します！」と、熱意のこもった返事をした。
その一途な反応にたじろいだものの、私の気分は久しぶりに爽快だった。

そうなのだ。
人生にはゴミのような時間など、一瞬たりともない。
私もこれからが正念場だ。
学生以上に努力しよう。
その精進の先には、「岩石なぶり」の極意すら待っている気がした。
さようなら、西丘日本語学園。
あらためて、ありがとう。

おわりに

本書を執筆するきっかけとなったのは、浅草で開催された「新春刀剣市」だった。1年9か月勤めた日本語学校を辞める直前で、新しい学校へ移る準備を進めていたころだった。

その日本刀展示即売会で棒手裏剣のデモンストレーションをおこなった私は、並木書房の社長と5年ぶりに再会したのである。日本語学校での体験を語ったところ、「それ、すごく面白いな。ちょっと書いてみませんか?」という話になった。「そこのお醤油とって」というくらい軽い口調で提案されたため、「あぁ、いいですね」とうなずいてしまったが、慌ただしい転職のさなかだったこともあり、結局はうやむやとなってしまった。

しかし、それから10か月間、職場から帰宅した後のわずかな時間を使って、コツコツと草稿を書きためていった。骨子はノンフィクションなのでストーリーづくりやキャラクター設定には苦労がなく、筆はスイスイと進んだ。記憶が薄れないうちに着手したのも幸いしたようだ。

そうやって完成した本書では、あきれ返るような日本語学校の実情も暴露してしまったが、むろん、ここまでひどい学校はレアケースだと思う。

ところで、世界はかつてない国際化の時代をむかえている。

しかし、現代人一人ひとりの心は、そのグローバリズムに逆らうような排他主義におちいってはいないだろうか？

たった1人でもいい。外国人とリアルにつき合って見れば、想定外のギャップに仰天すると同時に、彼らが自分と変わらない人間であることを感じ入るだろう。

私は、日本語教師という仕事を通じて、そんな当たり前をさとった。

ただし、私がこの業界に身を置けるのも、そう長いことではないかも知れない。日本語教師が国家資格化されたあかつきには、業界の均一化が進み、私のようなハミダシ教員は淘汰されていく可能性がある。

しかし、私は最後まで、サムライ先生であり続けたいと思う。

本書に収録された漫画は、私と同じ現役日本語教師の小松直之氏が書き下ろしてくださった。アイデアの多くは、小松氏の実体験にもとづいている。

末筆ながら、ご尽力いただいた小松氏をはじめとする関係者と、登場人物のモデルになったすべてのかたがたへ、海より深い謝意を表したい。

2021年6月3日

山下 知緒

山下知緒（やました　ともお）
1971年生まれ。二松学舎大学文学部国文学科卒。文学座附属演劇研究所本科卒。劇団と芸能事務所を転々とする。民弥流居合術、駒川改心流剣術などを学び、中太刀、小太刀、十手、棒、柔術を10年以上修行。その素養に独自の工夫を加え、験（けん）流手裏剣術を編み出す。妻のコミックエッセイ『ある日突然ダンナが手裏剣マニアになった。』に描かれた私生活をNHKドキュメント番組「熱中人」が密着取材して2012年1月に放映。2012年11月、DVD「山下知緒 手裏剣道 験流手裏剣術入門」（クエスト）を刊行。2014年４月、『古式伝験流手裏剣術（DVD付き）』（並木書房）を発表。2018年4月から日本語学校の教壇に立ち、現在も都内の学校に勤務。道場への問い合わせは下記。
http://kenryu-shuriken.jimdo.com/

サムライ先生、日本語を教える
—あなたの知らない日本語学校—

2021年７月５日　印刷
2021年７月15日　発行

著　者　山下知緒
発行者　奈須田若仁
発行所　並木書房
漫　画　小松直之
〒170-0002 東京都豊島区巣鴨2-4-2-501
電話(03)6903-4366　fax(03)6903-4368
www.namiki-shobo.co.jp
印刷製本　モリモト印刷

ISBN978-4-89063-410-1